ZHONGXUE TIYU JIAOSHI JIAOXUE JINENG PINGJIA YANJIU

中学体育教师教学技能评价研究

王博文　符运猛　著

中国海洋大学出版社
·青岛·

图书在版编目（CIP）数据

中学体育教师教学技能评价研究 / 王博文，符运猛
著. —青岛：中国海洋大学出版社，2021.6
ISBN 978-7-5670-2851-7

Ⅰ. ①中… Ⅱ. ①王… ②符… Ⅲ. ①体育课—教
学—中学 Ⅳ.①G633.962

中国版本图书馆CIP数据核字（2021）第120059号

ZHONGXUE TIYU JIAOSHI JIAOXUE JINENG PINGJIA YANJIU
中学体育教师教学技能评价研究

出版发行	中国海洋大学出版社	
社　　址	青岛市香港东路 23 号	邮政编码　266071
网　　址	http://pub.ouc.edu.cn	
出 版 人	杨立敏	
责任编辑	孙宇菲	
电　　话	0532-85902349	
电子信箱	1193406329@qq.com	
印　　制	日照报业印刷有限公司	
版　　次	2021 年 6 月第 1 版	
印　　次	2021 年 6 月第 1 次印刷	
成品尺寸	185 mm × 260 mm	
印　　张	9.75	
字　　数	280 千	
印　　数	1-1000	
定　　价	32.00 元	
订购电话	0532-82032573（传真）	

发现印装质量问题，请致电 0633-8221365，由印刷厂负责调换。

目录
CONTENTS

第一章
绪　论

第一节　相关概念界定

概念是人类在认识世界的过程中，大脑对客观事物的意识表达，是对客观事物的共性特征进行抽象概括，从而实现从感性认识到理性认识的思维过程。在人类的认知体系中，概念无疑是最基本和最重要的构建单位，因此，想要更加科学合理地对中学体育教师教学技能进行评价，首先必须对相关概念进行界定，从而对相关事物的内涵形成清晰的认知。

一、技能、教学技能与体育教学技能

（一）技能

技能是指个体应用所学知识和经验，通过不断练习和改进而最终形成的相对稳定的智力行为方式或动作行为方式。

（二）教学技能

教学技能是指教师运用已有的理论知识和经验，通过练习和改进而形成的相对稳固的教学行为系统。

（三）体育教学技能

体育教学技能是指体育教师运用已有的理论知识、实践知识，通过练习和改进而形成的相对稳固的体育教学行为系统。

二、评价、教学技能评价与体育教学技能评价

（一）评价

评价一般是指评价主体对评价客体的价值评判。评价主体是人或社会组织，评

价客体是评价主体以外的客观事物，有时主体也可以是客体。

（二）教学技能评价

教学技能评价是指根据教学目标的要求，评价主体对教学过程和教学结果等进行的价值评判过程，其主要关注的是教学效果是否达成。

（三）体育教学技能评价

体育教学技能评价是指根据教学目标的要求，评价主体对体育教学的过程和结果等进行的价值评判过程。

第二节　研究目的和价值

研究目的和价值对研究的进行具有至关重要的影响，目的明确又具有较高的价值往往是确保研究成功的关键。研究目的是对研究意图的谋划，更是对研究过程的规范和事先统筹，其对研究具有重要的导向和约束作用。研究价值是对研究结果的效益、效用及效应的分析和概括，更是对研究成果的归纳。

一、研究目的

（一）为体育教师教学技能提升提供评价指标体系支撑

中学体育教师教学技能提升需要坐标。建立中学体育教师教学技能评价指标体系后，教师可以根据课前准备技能、课堂教学技能和课后总结技能中所包含的教学内容编制、体育教学设计、教学组织管理、教学内容讲解、技术动作示范、运动负荷调控、课后教学反思等评价指标和权重进行对照，客观合理地认识和发现不足，进而提高体育教学各项技能水平。

（二）为各级教育管理部门的教学督导提供初步理论参照

教育管理部门的教学督导需要理论参照。通过研究构建出教学技能评价指标体系，可为各级教育管理部门的教学督导提供一定的参考。在督导过程中，可根据课前、课中和课后三个部分以及课中的基础、核心、拓展三个层次对中学体育教师的教学技能进行监督与指导，以达成督导工作的目的，最终确保中学体育教学水平的有效提升。

二、研究价值

（一）对教学改革具有导向作用

中学体育教师教学技能评价指标及权重确定后，能够通过发挥教学技能评价的导向作用，促进教师转变教学观念，改革教学方式、方法，优化教学过程，进而达到提高体育教学质量的目的。

（二）对体育教师具有激励作用

通过对中学体育教师教学技能评价的研究，为体育教师全面了解和掌握教学情况提供可靠路径，评价实践还能够让教师充分认识到自身的优势和不足，从而激发教师业务提升的动力。

（三）对体育教师发展具有促进作用

中学体育教师的专业发展对体育教学具有重要意义。教学技能评价研究能够为体育教师的专业发展指明方向，也能够为教师发展提供可靠的信息渠道，进而有效提升体育教师的发展速度。

（四）对学校管理具有优化作用

教学技能评价是教育教学评价的组成部分之一，同时也是学校管理体系中对教师进行评价的重要方式。通过教学技能评价研究，学校可获得更为客观有效的评判工具，能够为学校管理的系统性优化贡献力量。

第三节　研究内容与方法

一、研究内容

教学技能评价是一个系统、复杂的工程。为更加科学地对教学技能进行评价，本书将教学技能评价按教学流程分为课前准备技能的评价、课堂教学技能的评价和课后总结技能的评价。但因为课堂教学技能是整个教学技能体系的重中之重，所以为了更加细致地对其进行评价，又单独将课堂教学评价按重要程度分为体育教学基础教学技能评价、体育教学核心教学技能评价和体育课堂教学拓展技能评价。

研究依照以上评价内容展开，分别对中学体育教师课前准备技能、中学体育教师体育教学基础教学技能、中学体育教师体育教学核心教学技能、中学体育教师体育课堂教学拓展技能、中学体育教师课后总结技能的评价指标和权重进行了确定，并最终构建了相应的评价指标体系。

二、研究方法

（一）文献研究法

根据研究的需要，通过国内外主要数据库，查阅相关文献，最大限度地了解本书涉及领域的研究现状、研究思路和前沿动态，为研究的顺利进行提供理论依据。

（二）专家访谈法

对研究思路、研究方法、研究内容等问题，特别是对评价指标的确定和指标重要性等，以走访、电话、邮件的方式对相关专家、学者进行咨询和访谈，掌握和了解了更为专业的判断与建议。

（三）问卷调查法

应用自制的《中学体育教师教学技能评价指标重要性问卷》对中学体育教师和教育管理人员进行抽样调查，问卷采用李克特七点计分，通过对回收数据进行分析，最终确定评价指标和权重数值。

（四）数理统计法

对问卷调查的有关数据进行收集、整理，并通过SPSS17.0、EXCEL等软件，应用因子分析、矩阵对偶等统计方法对数据进行分析，并对评价指标的权重进行量化处理，最终构建出评价指标体系。

第二章
中学体育教师教学技能概述

第一节　中学体育教师课前准备技能

中学体育教师课前准备技能是高质量地上好体育课的保障，只有拥有良好的课前准备技能才能让教师在教学中获得事半功倍的效果。中学体育教师课前准备技能主要包括教学内容编制技能和体育教学设计技能。

一、课前准备技能的概念

课前准备技能是指体育教师在授课前对课程和教学进行开发、设计的一系列过程。课前准备技能是中学体育教师教学技能的重要组成之一。

二、课前准备技能的构成

（一）教学内容编制

1. 教学内容编制的含义

教学内容编制是指为了更好地实现教学目标，体育教师遵照相关政策，依据相关理论编排体育教学内容的过程。

2. 教学内容的类型

（1）国家课程教学内容

国家课程教学内容是根据不同教育阶段的培养目标，由国家教育行政管理部门统一规定的体育课程教学内容。

（2）地方课程教学内容

地方课程教学内容是在国家课程教学内容的基础上，由省级教育行政管理部门根据当地社会经济发展需要所开发的体育课程教学内容。

（3）校本课程教学内容

校本课程教学内容是在实施国家、地方课程教学内容的前提下，由体育教师根据本校学生特点开发的体育课程教学内容。

3. 教学内容编制的形式

1）教学内容选择

教学内容选择是指体育教师在全面掌握教学内容的前提下，对体育教学内容进行有目的筛选的过程。

（1）体育教学内容选择的来源

体育教学内容选择的来源较多，总的来说包括知识型体育教学内容、动作型体育教学内容和项目型体育教学内容。

① 知识型体育教学内容

知识型体育教学内容主要包括运动人体科学知识、体育社会科学知识、民族传统体育知识、体育运动训练知识等。

② 动作型体育教学内容

动作型体育教学内容主要包括单一动作结构类、多元动作结构类及多项组合结构类三大类。

③ 项目型体育教学内容

项目型体育教学内容主要包括竞技体育类、休闲体育类、健身体育类、养生体育类等教学内容。

（2）体育教学内容选择的依据

在进行教学内容选择时，要根据教学目标、学生特点、教学条件和教师的教学水平等进行选择。

① 教学目标

目标是教学内容的统领，对教学内容具有决定性作用。教学内容必须根据教学目标进行选择，不同层次的教学内容要根据不同阶段的教学目标确定。

② 学生特点

在体育教学活动中，学生处于主体地位，因此，教学内容必须根据学生的特点进行调整，切实符合学生身心发展的需求。

③ 教学条件

教学条件是指体育教学所需要的场地、器材等硬件设施。体育教学需要场地器材作为支撑，所以在进行教学内容选择时，一定要因地制宜、量力而行。

④ 教学水平

教学内容的选择还要考虑到体育教师的教学水平，只有教学内容与教学水平相适应，才能确保体育教学的质量和效果。

2）教学内容改编

教学内容改编是指体育教师为了有效提升教学效果和实现教学目标，对已选择的教学内容进行修改、编写的过程。

（1）教学内容改编的来源

在体育教学中，改编是教学内容编制的重要方式之一，可供改编的内容主要包括民族体育项目、休闲体育项目、竞技运动项目和健身锻炼项目等。

①民族体育项目

民族体育项目是民族文化的瑰宝，对民族体育项目进行改编，使之进入课堂，对传承和发扬民族文化具有重要价值。

②休闲体育项目

休闲体育项目具有的快乐属性，可以激发学生的学习热情，改编后进入课堂能够促使学生身心愉悦，情绪得以调节。

③竞技运动项目

合理地进行竞技运动项目改编，充分利用好竞技运动项目的竞技性和竞争性，可以使学生形成公平竞争的精神品质。

④健身锻炼项目

增强学生体质是体育课程追求的主要目标，对健身锻炼项目的改编可以为体育课堂提供更多的教学内容，借此强健学生的体魄。

（2）教学内容改编的方式

教学内容改编的方式多种多样，一般包括简化和修改内容、降低和增加难度、转换和移植内容及调整和改变规则等。

①简化和修改内容

简化和修改内容是指体育教师根据教学需要，简化或修改技术动作的数量，以提升学生的掌握程度。

②降低和增加难度

降低和增加难度是指为提升学生体质或技术水平，对教学内容的难度进行变动，以获得更好的教学效果。

③转换和移植内容

转换和移植内容是指体育教师根据环境的变化或条件的限制，有意识地转换教学场所或将不同教学内容进行转换。

④调整和改变规则

调整和改变规则是指为掌握某一技术或战术而进行的对体育运动竞赛规则的调整和改变。

3）教学内容安排

教学内容安排是在教学内容选择和编排的基础上，有目的地对教学内容进行排列的一种教学行为。

（1）教学内容安排的来源

①精教类内容

精教类体育教学内容是指那些对学段、年级学生特别重要的，技术动作较为复杂的，要求体育教师必须精讲教授的教学内容。

②简教类内容

简教类体育教学内容是指相对于精教类教学内容重要性稍低的，技术动作较为简单的，但仍需体育教师简化教授的教学内容。

③介绍类内容

介绍类体育教学内容是指那些对当下学段、年级的学生教授时间尚早，而在未来可能接触的教学内容。

（2）教学内容安排的方式

①直线式

直线式是指在教学内容安排上，对已经教授过的教学内容不再进行重复布置的教学内容安排方式。

②螺旋式

螺旋式是指在教学内容安排上，同类教学内容在各年级反复布置，但要求逐年提高的教学内容安排方式。

③混合式

混合式是指在教学内容安排上，将直线式和螺旋式相结合，某一阶段使用直线式而另一阶段使用螺旋式的教学内容安排方式。

（二）体育教学设计

1.体育教学设计的含义

体育教学设计是体育教师根据课程标准要求和教学对象特点，在准确分析体育教材和学生特点的基础上，设置教学目标、确定教学内容、应用教学方法、安排教学步骤、选择练习形式、规划场地器材、预计运动负荷的过程。

2.体育教学设计的类型

体育教学设计按从宏观到具体进行分类，可分为学段教学设计、学期教学设计、单元教学设计和课时教学设计。

（1）学段教学设计

学段教学设计是一种宏观教学设计，是对某一特定学习阶段教学方案的整体策划和系统安排的过程。

（2）学期教学设计

学期教学设计属于中观教学设计，是以学期为单位，对某一个学期的教学要素进行安排和计划。

（3）单元教学设计

单元教学设计是对某一单元的教学活动进行的整体规划，是一种基本的教学设计，也是应用较广泛的教学设计之一。

（4）课时教学设计

课时教学设计是教学设计的最小形式。课时教学设计是对某一节课的课堂教学活动进行的设想和计划。

3.体育教学设计的组成

（1）教材内容分析

教材内容分析是确保教学设计成功的重要因素，只有正确地对教学内容进行分析，才能有针对性地对其他教学要素进行规划和安排。教材内容分析一般包括以下几方面。

①教材内容价值分析

教材内容的价值不尽相同，但总的来说，体育教材的价值除了供学生学习知识、技能外，还可能具有培养学生意志品质，提升学生道德情操，发展学生个性和特长的价值。所以，在备课时，体育教师应注意对教材内容价值的挖掘和利用。

②教材内容特点分析

在教学过程中，体育教师应根据教材内容的不同特点，及时改变教学方法和策略，以确保获得良好的教学效果。因此，体育教师在课前准备时，一定不能忽视对体育教材内容特点的深入分析和总结。

③教材内容重点分析

教材内容的重点是指教材内容的关键技术环节或关键动作要领，是教材内容中最基本、最重要的知识和技能，这些关键知识技能直接影响教学的最终效果，只有对教材内容的重点进行深入分析，才能确保在体育教学中针对教材重点进行布置和侧重。

④教材内容难点分析

教材内容难点一般包含两个层面的意思，即学生难以理解掌握和容易出错、混淆的教材内容。教材内容难点的确定要根据教学目标和学生实际进行分析，只有确定了难点，才能有针对性地进行教学，以攻克难点内容。

（2）学生特点分析

学生特点分析是对学生的体能、技能、心理等方面的独特性进行判断和了解。学生特点分析是设计教学目标、确定教学内容、应用教学方法、安排教学步骤等后续事项的根本依据。学生特点分析一般包括以下几方面。

①学生体能分析

学生体能分析是对学生身体形态、器官机能及力量、速度、耐力、协调、柔韧、灵敏等运动素质进行的分析。

②学生技能分析

学生技能分析是对教学内容中，学生所掌握的某体育运动项目的知识和技术能力水平进行的分析。

③学生心理分析

学生心理分析是对学生的个性心理特征进行的深入分析，如对能力、气质、性格等进行的分析。

④学生性别分析

学生性别分析是为确定教学目标、教学方法、练习形式及运动负荷等对授课学生的整体性别比例或个体性别进行的分析。

⑤学生年龄分析

学生年龄分析是对学生的年龄组成和比例进行的分析。在对学生年龄进行整体分析的同时，也要注意学生的年龄差异。

⑥学生人数分析

学生人数分析是对授课学段、班级等进行的人数确定和判断，其目的是确保教学设计的合理性及有效性。

（3）教学目标设置

教学目标设置就是设置教学要达到的预期结果。教学目标对教学有指示和引导作用，教学活动必须围绕教学目标进行安排。教学目标主要包括以下几方面。

①学段体育教学目标

学段体育教学目标是根据各学段学生生长发育的特点，制定的各学段相对比、衔接的体育教学目标。

②学期体育教学目标

学期体育教学目标是以学期为单位，根据不同学期的季节特征和体育教学内容特点制定的体育教学目标。

③单元体育教学目标

单元体育教学目标是根据不同教学单元的特征和学理，结合教学内容的差异性制定的体育教学目标。

④课时体育教学目标

课时体育教学目标是在一定的时间和空间的约束下，结合单元体育教学目标的安排，制定出的某节课的体育教学目标。

（4）教学内容确定

教学内容是根据教学目标的要求，结合学生的发展需要和教学条件等因素，合理选择出来的体育知识、技术等。教学内容确定就是对这些体育知识、技能的判断和明确。教学内容一般包括以下几方面。

①理论知识型教学内容

理论知识型教学内容主要包括运动人体科学知识、身体锻炼知识、体育保健康复知识及运动项目相关知识等。

②运动实践型教学内容

运动实践型教学内容主要包括提高身体素质、提高运动能力、发展心理素质、提高社会适应、培养行为规范等身体练习。

（5）教学方法选择

教学方法选择是指在教学设计中，教师为实现教学目标和完成教学任务对采用何种技术性教学方略和办法进行甄选和抉择的环节。体育教学方法主要包括以下几方面。

① 语言类教学方法

语言类教学方法是指以语言为主要传递媒介的教学方法，包括讲解法、讨论法、问答法等。

② 视觉类教学方法

视觉类教学方法是指以视觉为主要传递媒介的教学方法，包括正面示范法、镜面示范法、多媒体演示法等。

③ 练习类教学方法

练习类教学方法是指以身体练习为主的教学方法，包括分解法、完整法、减难法、加难法、持续法、分组法等。

④ 活动类教学方法

活动类教学方法是指以组织活动为主的教学方法，包括模拟比赛法、教学比赛法、体育游戏法等。

（6）教学过程安排

教学过程安排是指对各教学环节的时间比例、出现的次序进行的调动和布置。教学过程一般可分为以下四个阶段。

① 开始部分

开始部分主要包括队列队形和课堂常规。其中，课程常规包括整队、问好、布置课程任务、宣布课堂要求、安排见习生等。

② 准备部分

准备部分主要包括热身和拉伸。热身的主要手段有跑步、健身操等，拉伸的主要方法有动力拉伸、静力拉伸和PNF拉伸等。

③ 基本部分

基本部分一般包括教师内容讲解、动作示范，学生练习，教师保护帮助、指导纠错等内容。

④ 结束部分

结束部分主要包括放松活动、课堂小结、布置课后作业和宣布下课。其中放松活动可采用抖动、深呼吸和放松操等方式进行。

（7）练习形式组织

练习形式组织是指对学生在体育教学过程中所采用的练习方式、先后顺序、实践间隔等进行组合布局。练习形式主要包括以下几方面。

① 班级练习

班级练习是指人数较少时，所采用的以班级为单位统一进行练习的组织形式。

② 小组练习

小组练习是指把班级学生按一定的分类标准，分为若干个小组进行练习的组织形式。

③ 个人练习

个人练习是在班级人数很少的情况下，安排学生个人自主进行练习的组织形式。

（8）场地器材规划

规划场地器材是指根据需要，对教学中要使用的体育场地和器材进行预先布局和筹划。体育场地器材主要包括以下几方面。

① 球类场地器材

球类场地器材主要包括篮球、排球、足球、乒乓球、羽毛球、网球等球类运动项目的场地器材。

② 田径场地器材

田径场地器材主要包括短跑、中长跑、接力跑、跨栏跑、跳远、跳高、撑竿跳、铅球、铁饼、标枪等项目的场地器材。

③ 体操场地器材

体操场地器材主要包括单杠、双杠、高低杠、跳马、跳箱、平衡木等项目的场地器材。

④ 武操场地器材

武操场地器材主要包括各武术套路、自由搏击、拳击及健美操、啦啦操、体育舞蹈等项目的场地器材。

（9）运动负荷预计

运动负荷预计是体育教师在教学设计时，结合练习时间、次数、距离等对学生运动的量和强度进行的预先判断。运动负荷的组成要素包括以下两方面。

① 负荷量

负荷量一般包括练习实践、练习次数、练习组数、练习动作数量、练习的总距离、练习的总重量等。

② 负荷强度

负荷强度是指练习密度、练习速度、练习高度、练习远度、练习的负重量和练习的用力程度等。

三、课前准备技能的价值

（一）有利于确保体育教学质量

体育教学设计具有系统性和科学性等特征，通过预先设置教学目标，确定教学内容，应用教学方法，安排教学步骤，选择练习形式，规划场地器材和预计运动负荷，促使体育教学更加合理，真正确保体育教学质量。

（二）有利于体育理论成果转化

通过体育教材编制，体育教师可以把体育理论成果应用到实际教学工作中，也可以将成功的教学经验转化为体育教学的理论成果，二者相互促使体育理论成果的转化速度和效果得以加速和扩大。

（三）有利于解决教学实际问题

体育教学设计所提出的一整套分析、归纳和总结教学实际问题的理论和方法，对解决中学体育教学实践中存在的问题具有重大意义，此外，其理念还可以应用在教学管理等其他领域中。

（四）有利于教师业务能力提升

体育教材编制为体育教师业务能力提升提供了一条有效途径。通过体育教材编制，中学体育教师可以总结体育教学的基本理论、手段和方法，并且在编制过程中不断提高自身的知识储备和各项能力的水平。

第二节　中学体育教师课堂教学技能

课堂教学技能是中学体育教师应具备的最为重要的教学技能之一。课堂教学技能是确保达成体育教学目标、完成体育教学任务的重要基础。中学体育教师的课堂教学技能主要包括课堂基础教学技能、课堂核心技能和课堂拓展技能。

一、课堂教学技能的概念

课堂教学技能是体育教师在课堂教学中，根据教学原理，运用专业知识，为实现教学目标和完成教学任务，而采取的一系列教学行为方式。

二、课堂教学技能的构成

（一）课堂基础教学技能

1.教学组织管理

（1）教学组织管理的含义

教学组织管理是体育教师为保障体育课堂教学活动的顺利开展，实现教学目标、完成教学任务而对教学过程的控制、协调过程。

（2）教学组织管理的类型

① 技能学习组织管理

运动技能的教学是体育课堂教学极为重要的内容，对运动技能学习的组织和管理是体育教师要掌握的重要能力。运动技能学习组织管理过程一般包括导入、讲解、示范、练习、纠错等环节。

② 体能锻炼组织管理

体能锻炼组织管理是指在体育课堂中为提升学生身体形态、技能和各项运动能力而进行的组织管理行为。按照作用，它又可分为健康体能锻炼组织管理和运动体能锻炼组织管理等。

③ 学习小组组织管理

分组教学是体育课堂常用的技术手段，对学习小组的组织管理可以有效促进教学效果的提升。学习小组组织管理可分为课堂开始、进行和结束的组织管理。

④ 思想教育组织管理

对学生进行思想政治教育是培养新时代社会主义建设者和接班人不可或缺的教育环节。在体育课堂中，更要重视对学生思想品德、道德素养、爱国爱党精神的培养。通常可采用正面引导、个别谈话、树立典型等方法进行组织管理。

（3）体育教学组织管理的内容

① 组织形式选择

体育课堂的教学一般包括个别教学、分组教学和班级教学三种组织形式。组织形式选择就是对采用何种组织形式进行的思考和确定。

② 场地器材安排

场地器材等体育设施是体育课堂教学的物质基础，是开展体育教学不可或缺的基本条件。场地器材安排就是对教学中需要的体育设施进行安排布置，以确保体育教学的顺利进行。

③ 课堂监控纠错

课堂监控纠错是确保教学效果的重要手段，体育教师通过对学生学习情况的监督、控制，分析存在的问题，进而纠正错误，使课堂回归正确轨道。

④ 违纪行为防控

违纪行为防控是指体育教师在学生产生违纪行为前，所采取的预防性管理措施，以避免违纪行为的产生，创造良好的教学环境。

⑤ 偶发事件处理

偶发事件是指在体育教学中随机出现的事项，对偶发事件的处理是课堂组织管理的重要内容之一，同时也是维持教学进程的基本保障。

2. 基础语言运用

（1）基础语言运用的含义

基础语言运用是指教师在课堂教学过程中传递信息、提供指导、进行纠错等使用的基本语言行为方式。

（2）基础语言的类型

①口语语言

口语语言是指由语音、语调、语速、语气、音量和节奏等要素构成的简短明快、通俗自然的有声语言。

②体态语言

体态语言是指有表意作用的表情、动作、姿势等。体态语言一般可分为动态语言和静态语言。

③书面语言

书面语言是在口语语言的基础上，将有声语言符号转变为文字语言符号的一种无声语言形式。

（3）基础语言运用的组成

①开始部分的语言运用

开始部分的语言运用主要包括课程常规中口语语言的应用以及体育教师的体态语言的运用。

②准备部分的语言运用

准备部分的语言运用一般包括热身、拉伸、游戏等活动的口语语言和体态语言的运用。

③基本部分的语言运用

基本部分的语言运用包括教学内容讲解、动作技术示范、动作指导纠错、动作保护帮助等内容的口语语言、体态语言的运用。

④结束部分的语言运用

结束部分的语言运用包括放松活动、课堂小结和作业布置等内容的口语语言和体态语言运用。

3. 教学书写绘图

1）教学书写绘图的含义

教学书写绘图是指体育教师在教学活动中运用书写、绘图工具完成教学需要的书写和绘图工作的能力和技巧。

2）教学书写绘图的类型

（1）教学书写

教学书写是教师的基本功之一，是完成教学工作的基础技能。通常教学书写可分为毛笔字书写、钢笔字书写和粉笔字书写。

①毛笔字书写

毛笔字书写是使用毛笔作为汉字书写方式的行为，是中国传统文化留存的书写方式。

② 钢笔字书写

钢笔字书写简单便利、节约时间、容易掌握、方便保存，是教师在教学活动中普遍使用的书写方式。

③ 粉笔字书写

粉笔字书写在体育课程的理论教学中经常被教师使用，是一项在黑板上书写汉字的艺术。

（2）教学绘图

① 传统绘图

传统绘图是指使用钢笔、粉笔等传统书写方式进行的教学绘图，其特点是简单易行、容易实施。

② 电脑绘图

电脑绘图是指使用电脑软件等新兴方式进行的教学绘图。电脑绘图多用在教学科研和教学文件准备中。

3）教学书写绘图的内容

（1）教学书写的内容

① 教学文件书写

在课程大纲、教学进度、教案讲义等教学文件及作业批改等教学活动中一般需要钢笔字书写。

② 课堂板书书写

在课堂教学中需要使用板书传递教学信息时，通常使用粉笔字书写更能清晰地明确教学内容。

③ 宣传布告书写

在校园宣传或布告的书写时，采用毛笔字书写会更加美观、合适，更能吸引广大师生的注意力。

（2）教学绘图的内容

① 体育动作简图

体育动作简图是对体育动作绘制的简化图，主要包括单线图、简化轮廓图、体块组合图、稻草人图、实体图等。

② 体育器材简图

体育器材简图是对体育器材绘制的简化图，主要包括各体育运动项目器材的简化图，如各种球、单杠、双杠、垫子等的简化图。

③ 体育场地简图

体育场地简图是对体育场地绘制的简化图，主要包括足球场、篮球场、羽毛球场、田径场、排球场、网球场等的简化图。

④ 队列队形简图

队列队形简图是对队列队形绘制的简化图，主要包括教师和学生站位、队列队形排列、队列队形变化等的简化图。

（二）课堂核心教学技能

1. 教学内容讲解

（1）教学内容讲解的含义

教学内容讲解是指体育教师通过语言表达，对知识、技术动作进行描述、分析、解释、概括，使学生掌握教学内容，达到教学目标的过程。

（2）教学内容讲解的内容

① 理论知识内容讲解

理论知识内容讲解主要包括对身体锻炼方法知识、运动人体科学知识、体育保健康复知识及运动项目相关理论知识的讲解。

② 运动实践内容讲解

运动实践内容讲解主要包括对提高体能和社会适应、发展运动能力和心理素质的技术动作、战术安排等内容的讲解。

③ 德育思政教育内容讲解

德育思政教育内容讲解主要包括对学生道德教育内容的讲解及对学生世界观、人生观、价值观等教育内容的讲解。

（3）教学内容讲解的类型

① 常规性讲解

常规性讲解是对课堂教学内容的讲授和解读，其作用是使学生明确教学任务、内容、目标等，并促进学生了解相关理论知识及掌握技术动作的结构、方法和要求等。

② 概念性讲解

概念性讲解是体育教师对教学内容中的相关概念进行的讲授和解读，目的是让学生对概念的内涵和外延有充分的认识和理解。

③ 解释性讲解

解释性讲解是体育教师通过解释教学内容或相关教学主题，使学生在掌握已有知识、经验的基础上，对所学知识、技能等有更加全面的理解和体会，最终完全掌握所学内容。

④ 推理性讲解

推理性讲解是在教学中，体育教师引导学生对所学内容的某个主题进行深入、细致思考后获得相关问题结论的讲解。

⑤ 归纳性讲解

归纳性讲解在安排学生在教学过程中亲身观察、体验后，体育教师再对所教授内容进行概括总结，最终形成相关归纳内容的讲解。其目的是让学生在"做中学"，又能在"学中做"。

⑥ 对比性讲解

对比性讲解是体育教师将教学内容的两个或多个方面进行对比，指出对比后的差异、优劣等。在体育教学中常在姿势、远度、强度、重量、距离等方面进行对比，以加深学生对所学知识的认识程度。

2. 技术动作示范

1）技术动作示范的含义

技术动作示范是体育教师为使学生了解所学动作的形象、结构、要领、方法及时空关系，而对技术动作进行的规范化演示行为。

2）技术动作示范的内容

（1）田径技术动作示范

田径技术动作示范包括短跑、接力跑、中长跑、跨栏跑、跳高、跳远、撑竿跳、铁饼、铅球、标枪等项目的技术动作的演示和规范。

（2）球类技术动作示范

球类技术动作示范包括排球、篮球、足球、羽毛球、乒乓球、网球等球类运动项目的技术动作的演示和规范。

（3）体操技术动作示范

体操技术动作示范包括跳马、双杠、单杠、高低杠、平衡木、跳箱、技巧等项目的技术动作的演示和规范。

（4）武操技术动作示范

武操技术动作示范包括各武术套路、拳击、自由搏击及啦啦操、健美操、体育舞蹈等项目的技术动作的演示和规范。

3）动作技术示范的类型

（1）按动作示范的结构划分

① 完整动作示范

完整动作示范是在技术动作示范过程中，一次性连续将技术动作完整地演示出来的示范形式。

② 分解动作示范

分解动作示范是在技术动作示范过程中，将技术动作拆分成若干部分，然后按一定顺序将技术动作演示出来的示范形式。

③ 组合动作示范

组合动作示范是在技术动作示范过程中，将拆分成若干部分的技术动作重组后，再进行演示的示范形式。

（2）按动作示范的方位划分

① 正面动作示范

正面动作示范是指体育教师在教学过程中，面对学生进行技术动作演示的一种示范形式。

②镜面动作示范

镜面动作示范是指体育教师在教学过程中，面对学生进行与学生动作一致的技术动作演示的一种示范形式。

③侧面动作示范

侧面动作示范是指体育教师在教学过程中，侧面对着学生进行技术动作演示的示范形式。

④背面动作示范

背面动作示范是指体育教师在教学过程中，背面对着学生进行技术动作演示的示范形式。

（3）按动作示范的正误划分

①正确动作示范

正确动作示范是指体育教师在教学过程中，为让学生理解正确动作，使用正确的技术动作进行演示的示范形式。

②错误动作示范

错误动作示范是指体育教师在教学过程中，为让学生认识错误动作，采用错误的技术动作进行演示的示范形式。

③正误对比示范

正误对比示范是指体育教师在教学过程中，为让学生辨明正确与错误动作的区别，采用正确和错误技术动作交替进行演示的示范形式。

3.动作指导纠正

（1）动作指导纠正的含义

动作指导纠正是指体育教师在教学过程中对学生的错误动作进行指导、纠正的教学行为。

（2）动作指导纠正的内容

①体操类技术动作指导纠正

体操类技术动作指导纠正包括对双杠、单杠、跳箱、高低杠、跳马、平衡木、技巧等项目的技术动作错误进行的改进和修正。

②田径类技术动作指导纠正

田径类技术动作指导纠正包括对铁饼、铅球、标枪、跳高、跳远、撑竿跳、接力跑、中长跑、短跑、跨栏跑等项目的技术动作动作错误进行的改进和修正。

③武操类技术动作指导纠正

武操类技术动作指导纠正包括对各武术套路、自由搏击、拳击及体育舞蹈等、健美操、啦啦操项目的技术动作错误进行的改进和修正。

④球类技术动作指导纠正

球类技术动作指导纠正包括对乒乓球、篮球、网球、排球、足球、羽毛球等球类运动项目的技术动作错误进行的改进和修正。

（3）动作指导纠正的类型

① 身体姿势指导纠正

身体姿势指导是指对动作过程中，身体或身体各部分所处的状态和空间位置关系进行的改进和纠错。

② 动作轨迹指导纠正

动作轨迹指导是指对动作时，身体或身体某部分的移动轨迹方形、幅度、形状进行的改进和纠错。

③ 动作时间指导纠正

动作时间指导是指对完成动作或动作某一部分的操作时间进行的改进和纠错。

④ 动作速度指导纠正

动作速度指导是指对动作时，单位时间里身体或身体某部分移动距离进行的改进和纠错。

⑤ 动作力量指导纠正

动作力量指导是指对完成动作时，身体或身体某部分克服阻力的用力程度进行的改进和纠错。

⑥ 动作速率指导纠正

动作速率指导是指对单位时间重复同一动作的次数进行的改进和纠错。

⑦ 动作节奏指导纠正

动作节奏指导是指对完成动作过程中的用力大小、间隔长短、动作幅度、动作节奏进行的改进和纠错。

4. 动作保护帮助

1）动作保护帮助的含义

动作保护帮助是指在教学过程中，体育教师为使学生安全、顺利地完成技术动作而采取的保障协助手段与方法。

2）动作保护帮助的类型

（1）动作保护

① 自我保护

自我保护是指在完成技术动作时，练习者自己进行有意识保护的保护方式。

② 他人保护

他人保护是指在完成技术动作时，由教师或其他人对练习者进行保护的保护方式。

③ 利用设备保护

利用设备保护是指在完成技术过程中，利用某些器械设备对练习者进行保护的保护方式。

（2）动作帮助

① 直接帮助

直接帮助是指帮助者利用托、扶、推、拉等方式直接提供助力给练习者，来保住练习者完成和掌握急速动作的帮助方式。

② 间接帮助

间接帮助是指帮助者不直接提供助力给练习者，而是通过信号、提示等手段来间接帮助练习者的帮助方式。

③ 利用设备帮助

利用设备帮助是指借助器械设备来帮助练习者完成和掌握技术动作的帮助方式。

3）动作保护帮助的内容

（1）泛化阶段帮助

泛化阶段即粗略掌握技术动作阶段。在这一阶段的动作保护帮助主要以帮助为主，可采用直接帮助、间接帮助和设备帮助综合进行。

（2）分化阶段帮助

分化阶段即动作改进和提高阶段。在这一阶段要将保护与帮助同时进行，帮助可采用直接和间接帮助交替，保护的方式可采用自我保护和利用设备保护相结合进行。

（3）巩固阶段帮助

巩固阶段即形成牢固动力定型阶段。在这一阶段的保护帮助主要以保护为主，可采用自我保护和利用设备保护。

5. 教学器材辅助

（1）教学器材辅助的含义

教学器材辅助是体育教师在教学过程中，为完成教学任务，根据教学需要应用、改造或制作教学器械进行辅助教学的行为。

（2）教学器材辅助的类型

① 教学组织器材辅助

教学组织器材辅助是指在教学组织中应用器材进行的辅助，主要包括口哨、扩音器等。

② 教学活动器材辅助

教学活动器材辅助是指体育教师为完成教学任务，促进教学活动更好地开展而应用器材进行的辅助，主要包括改造教具和自制教具等。

③ 指导提示器材辅助

指导提示器材辅助是指体育教师在教学中，为了更加明确和清晰地指导和提示学生而应用的器材辅助，主要包括标志线、标志物等。

（3）教学器材辅助的内容

① 口哨使用

口哨是体育教师在教学中应用较多的器材，正确熟练地使用口哨对有效地组织教学活动具有重要价值。

②场地器材布置

场地器材是体育教学必备的物质基础，科学合理地对场地器材进行布置和安排是实现教学目标、完成教学任务的保障。

③教具开发利用

教具的开发与利用对提升学生学习兴趣、充实教学内容、改善教学条件和提升教学效果具有积极意义。

6. 教学媒体应用

（1）教学媒体应用的含义

教学媒体应用是指体育教师在教学中，根据教学需要选择和使用现代媒体进行教学的过程。

（2）教学媒体应用的类型

①演示型媒体应用

演示型媒体应用是指为清晰展示教学内容中的知识、理论和规律等，使用带有图解、动画的媒体进行讲解的教学过程。

②交互型媒体应用

交互型媒体应用是指使用人机对话的方式进行信息的互换和沟通，其目的是模拟、测试或是辅导等。

（3）教学媒体应用的环节

①资料收集整理

资料收集整理是通过书籍、期刊、报纸、杂志等资源收集和整理媒体应用所需材料的过程。

②应用过程设计

应用过程设计是指对媒体应用过程进行的全面考虑和确定，主要包括教学目标的明确、教学进程的安排、教学方法的选择等内容。

③主题内容安排

主题内容安排包括确定具有代表性和完整性的主题，突出重难点和选择科学、准确又能反映某些特色的教学内容。

④语言文字表达

语言文字表达一般包括在媒体应用中，着重使用规范、清晰的教学语言及深入、生动的文字表达。

⑤图像视频处理

图像视频处理是指为更好地反映教学主题内容而对媒体应用的照片、绘图、视频等进行的处置和整理。

7. 运动负荷调控

（1）运动负荷调控的含义

运动负荷调控是指在体育教学中，体育教师对身体练习密度和运动强度进行调节和控制以符合教学目标要求的过程。

（2）运动负荷调控的类型

① 练习密度调控

练习密度调控主要是对练习的组数、次数、速度、频率、时间、间歇等进行调节和控制。

② 运动强度调控

运动强度调控主要是对运动的距离、高度、重量、方式、程度等进行调节和控制。

（3）运动负荷调控的内容

① 设置运动目标

运动目标的设置主要是对体育课程中学生要达到的教学目的进行描述，主要包括认知目标、技能目标和情感目标等。

② 确定调控内容

发现身体练习的实际情况和目标出现差距时，应对具体的调控内容进行明确，确定应调控练习密度还是运动强度。

③ 选择调控方法

当确定调控内容后，就必须根据实际需要来选择科学、有效的调控方法，以达到调控目的。

④ 监测调控效果

选择调控方法进行实际操作后，体育教师还应对运动负荷调控的效果进行监查和监测。

⑤ 改善调控手段

若发现已用的负荷调控方法的效果欠佳而达不到调控效果，要及时修改和完善调控的方法和手段。

（三）课堂拓展教学技能

1. 运动损伤处理

1）运动损伤处理的含义

运动损伤处理就是体育教师根据体育课中造成的运动损伤情况，实施的必要处置和应急救护行为。

2）运动损伤的类型

（1）闭合性软组织损伤

① 扭伤

扭伤是指在外力作用下，关节超限度内翻或外翻，导致的关节内侧、外侧韧带过度拉伸而造成关节韧带损伤的现象。

②挫伤

挫伤是在运动中，为抵消倒地或碰撞等动作的冲量而作用在机体上，给人体造成的损伤现象。

③拉伤

拉伤是在运动时由于超负荷外力牵引，而导致肌肉或筋腱过度拉伸造成的组织损伤。

④劳损

劳损是指因超负荷使用某些或某块肌肉，而引起的肌肉或韧带的慢性、机械性损伤。

（2）开放性软组织损伤

①擦伤

擦伤是指在运动中，因身体与某些粗糙面摩擦，而使皮肤出血和组织液渗出的损伤现象。

②撕裂伤

撕裂伤是指皮肤在外力作用下，超负荷拉伸导致的皮肤裂开、脱落或皮下肌肉纤维断裂等损伤。

（3）脱位

脱位又被称为关节脱臼，是指关节离开关节囊脱出的现象。关节脱位一般会伴有关节囊撕裂、关节周围软组织损伤或破裂等情况。

（4）休克

休克是指机体出现有效循环血量减少、组织血液灌流量不足，而引起的重要器官功能、代谢障碍和结构损害的急性全身性危重病理过程。

3）运动损伤处理的过程

（1）创设周围环境

首先要对运动损伤发生的周围条件进行快速设置安排，尽量保持通风、避阳、安静的环境。

（2）评估损伤情况

通过观察、询问、按触、叩击等方法对运动损伤情况进行判断，为接下来的处理创造依据。

（3）进行损伤处理

当评估完损伤情况，就应立即根据运动损伤的具体情况，选择适合的方式进行处理。主要的处理方式包括冷敷、热敷、清洁伤口、包扎等。

（4）转送医疗单位

损伤进行初步处理后，若损伤程度较为严重，必须及时拨打电话或转送医院进行专门治疗。

2. 运动疲劳消除技能

（1）运动疲劳消除的含义

运动疲劳消除是指在产生运动性疲劳后，采用科学、有效的方法手段将能量储备和器官功能恢复到运动前水平的过程。

（2）运动疲劳消除的类型

① 轻度运动疲劳消除

轻度运动疲劳消除是对轻度运动性疲劳的消除过程。一般情况下，轻度疲劳能在短时间内自行消除

② 中度运动疲劳消除

中度运动疲劳消除是指采用物理治疗、按摩等方式对中度运动性疲劳进行消除的过程。

③ 重度运动疲劳消除

重度运动疲劳消除是指为避免时间过长引起的机体器官、组织损伤，而采取积极方式对重度运动性疲劳进行快速消除的过程。

（3）运动疲劳消除的阶段

① 消除初期

在这一阶段，机体处于疲劳消除的初期，能量补充小于能量消耗，身体的各项机能仍在减退，运动能力也在不断下降。

② 消除中期

在该阶段，疲劳消除的速度明显加快，能量补充开始逐渐大于消耗，能源物质的储存数量不断增加，身体的各项机能不断恢复，疲劳基本消除，体能得到充分恢复。

③ 消除后期

在此阶段，身体各项机能和能量储备已经恢复到训练前的正常水平，并出现超量恢复现象，即机体在运动训练时消耗的能量及各器官、系统的机能不仅得到恢复而且超过原先水平。

三、课堂教学技能的价值

（一）有利于教学活动的开展

体育教学活动的开展需要体育教师具备良好的课堂教学技能。拥有高超的课堂基础教学技能、课堂核心教学技能和课堂拓展教学技能能够确保各项教学活动的开展。

（二）有利于教学目标的实现

教学目标的实现依赖于体育教师和学生的共同努力，但至关重要的是体育教师的教学水平。课堂教学技能的优劣是评价体育教师教学水平的重要参考，在一定程

度上决定着能否实现教学目标。

（三）有利于教学任务的完成

教学任务一般指在教学中为实现教育目的而对教学提出的要求，这种要求往往具有层次性、多元性的特点。要想满足教学任务所涉及的各种要求，体育教师就必须具备良好的课堂教学技能，否则就会影响教学任务的完成。

（四）有利于教学效果的达成

不断达成教学效果是教师的永恒追求。教学效果和教师课堂教学技能水平是正相关关系，体育教师的课堂教学技能水平高则教学效果越好；反之，没有良好的课堂，教学技能就难以达成理想的教学效果。

第三节　中学体育教师课后总结技能

课后总结技能是中学体育教师不可或缺的教学技能。课后总结技能对确定教学中存在的问题，进而改革教学方式方法，提升教学水平，使体育教学过程更加完善都具有重要的现实意义。中学体育教师课后总结技能主要包括课后总结和教学评价。

一、课后总结技能的概念

课后总结技能是体育教师在授课后对教学目标达成程度、教学过程合理程度、教学效果获得程度等进行反思和评价的教学行为。

二、课后总结技能的构成

（一）课后教学反思

1. 课后教学反思的含义

课后教学反思是体育教师在课堂教学后，对教学设计、教学过程、教学效果等进行的自我反省、思考。

2. 课后教学反思的类型

① 横向反思

横向反思是体育教师将自己与其他教师进行对比，思考存在的差距和区别，从而提升自己的教学水平。

② 纵向反思

纵向反思是体育教师将自己和自己进行对比，思考自己在教学中的进步和缺陷，以此提升教学水平。

3. 课后教学反思的内容

① 教学理念反思

教学理念反思是指体育教师对教学关系的理性认知、教学策略的现实优化等进行的反省和思考。

② 教学行为反思

教学行为反思是指体育教师对教学目标的落实、教学内容的表达、教学效果的获得等进行的反省和思考。

③ 教学本质反思

教学本质反思是指体育教师对教学中教师激发学生追求真、善、美等教学本质行为的反省和思考。

（二）课后教学评价

1. 课后教学评价的含义

课后教学评价是指按一定标准，运用科学的方法手段，对课堂教学进行系统判断、分析并得出价值评判的过程。

2. 课后教学评价的类型

① 绝对评价

课堂教学的绝对评价是预先建立一个评价标准后，将评价对象的客观情况与标准进行对比，以获得价值评判的评价方法。

② 相对评价

课堂教学的相对评价是将评价对象与整体中的某一个体或若干个体进行比较，得到评价对象排名、优劣的评价方法。

③ 自我评价

课堂教学的自我评价是以评价对象自己为标准，对评价对象的教学技能、水平、成绩等进行评判的评价方法。

3. 课后教学评价的组成

① 教学设计评价

教学设计评价是对教学目标设置、教学内容确定、教学方法应用、教学步骤安排、练习形式选择、场地器材规划、运动负荷预计等进行的价值评判。

② 教学实施评价

教学实施评价是对教学内容的契合程度、教学组织的合理程度、教学方法恰当程度等进行的优劣评判。

③ 教学效果评价

教学效果评价是对教学的运动参与目标、运动技能目标、身体健康目标、心理健康目标和社会适应目标的达成程度进行的评判。

三、课后总结技能的价值

（一）有利于确定教学问题

体育教学过程中难免存在问题，重点是找到问题和解决问题。而通过课后反思和评价能够让体育教学问题凸显出来，使体育教师确定教学中的问题，并最终梳理清楚、做出决断，借此提升教学的质量。

（二）有利于改革教学方法

教学方法的选择和应用是确保教学质量的重要前提。通过教学反思和评价对体育教学目标达成度的深入分析，能够让体育教师明确教学方法与教学内容的合适程度，进而改革教学方法以提升教学效果。

（三）有利于提升教学水平

课后总结中的教学反思和评价是对课堂教学作出的最终思考和评判，同时也是对体育教师教学行为的优劣评价过程。通过课后总结，体育教师能够找到本身在教学过程中的失误和缺陷，进而改正后能够提升自己的教学水平。

（四）有利于完善教学过程

师生在共同完成教学任务的过程中，可能会出现活动安排和时间划分不够合理等问题。课后教学反思和教学评价能够客观地对体育教学过程进行评判，使体育教师能够通过课后反思和评价完善教学过程。

第三章
体育课前准备技能评价

第一节　体育课前准备技能评价指标的获得

首先，通过查阅大量体育课前准备技能和技能评价的文献资料和教育行政管理部门的相关文件，以及参阅国内外专家、学者研究成果资料，为接下来的研究打下良好的理论基础。

其次，在综合借鉴相关理论研究成果的基础上，对中学体育教师和教育、教学管理人员进行半开放式问卷调查及深度访谈，获得其对体育课前准备技能评价的观点。

最后，在相关理论和文献研究的基础上，结合有关专家、学者及教师、教育教学管理人员的观点，通过深入探讨、对比分析，最终初步提出体育课前准备技能评价的维度和指标。

体育课前准备技能评价的两个维度，即教学内容编制和体育教学设计，具体见表3-1。

表3-1　体育课前准备技能评价的维度

评价对象	维度
体育课前准备技能评价	教学内容编制
	体育教学设计

"教学内容编制"包括符合体育教学目标、符合学生身心特点、符合教师教学经验、符合体育教学条件、符合教师教学水平、观点理论正确程度、知识含量充足程度、难易水平适当程度、重点难点合理程度、关键论述到位程度、编制内容项目覆盖程度、教学内容编制完整程度等15个指标（表3-2）。

表3-2 "教学内容编制"的评价指标

评价维度	评价指标
教学内容编制	符合体育教学目标
	符合学生身心特点
	符合教师教学经验
	符合体育教学条件
	符合教师教学水平
	观点理论正确程度
	知识含量充足程度
	难易水平适当程度
	重点难点合理程度
	关键论述到位程度
	编制内容项目覆盖程度
	教学内容编制完整程度
	教学内容编制连贯程度
	教学内容编制统一程度
	内容编制类型多样程度

"体育教学设计"包括结构连贯完整程度、文字精练规范程度、字体排版合适程度、表格清楚明晰程度、教学内容分析透彻程度、学生特点分析全面程度、教学目标设置明确程度、教学内容选择适合程度、教学方法运用恰当程度、教学过程安排科学程度等13个指标（表3-3）。

表3-3 "体育教学设计"的评价指标

一级指标	三级指标
体育教学设计	结构连贯完整程度
	文字精练规范程度
	字体排版合适程度
	表格清楚明晰程度
	教学内容分析透彻程度
	学生特点分析全面程度
	教学目标设置明确程度

续表

一级指标	三级指标
体育教学设计	教学内容选择适合程度
	教学方法运用恰当程度
	教学过程安排科学程度
	场地器材规划合理程度
	练习形式组织多样程度
	运动负荷预计准确程度

第二节　体育课前准备技能评价的测试结果

在获得调查数据后，统计处理包括对每个条目总分的计算、排序以及对极端数据的剔除等。计算每个条目与总分之间的相关系数，将相关系数低于0.4的条目剔除，并以问卷总分的27%为界限进行高低分组的独立样本t检验，将临界比率CR没有达到显著性水平的条目剔除后进行下一步分析。

一、"教学内容编制"的统计结果

（一）信度、效度检验

1. 克朗巴哈系数

对克朗巴哈系数检验的结果表明，问卷的整体 α 值为0.801，平均 α 值为0.838，两项信度值都在0.800以上，说明该问卷具有较高的信度（表3-4）。

表3-4　克朗巴哈系数检验表

克朗巴哈系数	标准的克朗巴哈系数	项目个数
0.801	0.838	11

2. KMO检验及Bartlett's球形检验

效度检验采用KMO检验及Bartlett's球形检验进行，通过检验可知KMO为0.801，χ^2值为1 938.313（df=55，Sig.=0.000），达到显著性水平、拒绝原假设。因此，效度检验通过检验，可以进行接下来的分析（表3-5）。

表3-5　KMO和Bartlett's球形检验表

KMO抽样适合性检验		0.801
Bartlett's球形检验	卡方值	1 938.313
	自由度（df）	55
	显著性（Sig.）	0.000

（二）公共因子提取

按因子的特征值大于1共提取了三个公共因子，其累计方差贡献率约为86.871%，公共因子中特征值最小为2.679，最大为3.486，方差贡献率依次为31.688%、30.831%、24.353%。三个公共因子的累计方差贡献率达到86.871%，说明三个因子对"教学内容编制"的解释和代表性较好（表3-6）。

表3-6　总体方差解释表

序号	初始特征值			提取平方和			旋转平方和		
	合计	方差（%）	累积（%）	合计	方差（%）	累积（%）	合计	方差（%）	累积（%）
1	4.357	39.608	39.608	4.357	39.608	39.608	3.486	31.688	31.688
2	3.481	31.650	71.258	3.481	31.650	71.258	3.391	30.831	62.518
3	1.718	15.614	86.871	1.718	15.614	86.871	2.679	24.353	86.871
4	0.355	3.228	90.100						
5	0.314	2.853	92.952						
6	0.242	2.196	95.148						
7	0.222	2.019	97.167						
8	0.139	1.264	98.431						
9	0.083	0.755	99.186						
10	0.050	0.452	99.638						
11	0.040	0.362	100.000						

进一步参考碎石图的情况，能够发现特征值自因子4后开始呈平坦下滑趋势，但第四个因子特征值较小，其方差贡献率很低，因此和其余因子同样被忽略，提取三个因子是较为合适的选择，这也与前面假设"教学内容编制"的三个二级指标相符合（图3-1）。

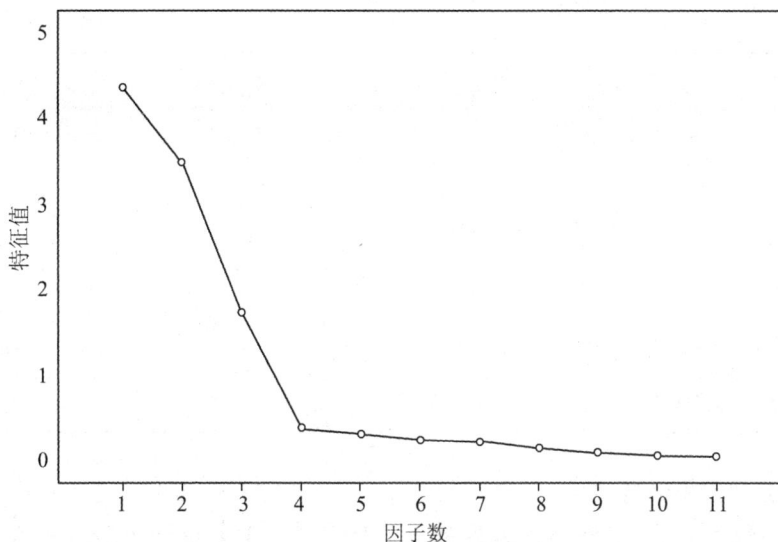

图3-1　因子分析碎石图

（三）因子载荷情况

因子载荷是表明变量与公共因子相关程度的指标，其值越大则该变量与公共因子的关系越紧密；反之，其值越小则说明该变量与公共因子的关系越不密切。在因子分析中，通常对因子载荷阵进行旋转变换，以更加清晰地看清变量与公共因子间的亲疏关系。因子旋转多采用最大化正交旋转法进行，其可以将因子载荷矩阵中的各元素向1或0两端拉开，并使每个公共因子都尽可能对应几个载荷高的变量，使因子归宿更加容易被确定。

现应用方差最大化正交旋转法对载荷矩阵进行旋转，得到如下因子载荷结果（表3-7）。通过因子旋转，各指标变量的因子载荷都集中在某一公共因子的周围，而在其他公共因子上的载荷却很小，因此可更加清晰地根据因子载荷情况来判断变量的因子归属。

表3-7　旋转后的因子载荷矩阵表

	因子		
	1	2	3
符合教师教学水平	0.971	−0.006	0.083
符合学生身心特点	0.950	−0.012	0.077
符合体育教学目标	0.928	0.021	0.013
符合体育教学条件	0.873	−0.021	0.010
难易水平适当程度	−0.022	0.942	0.147
观点理论正确程度	−0.018	0.932	0.150

续表

	因子		
	1	2	3
关键论述到位程度	−0.006	0.874	0.169
重点难点合理程度	0.027	0.858	0.268
教学内容编制完整程度	0.077	0.185	0.945
教学内容编制连贯程度	0.088	0.196	0.924
内容编制类型多样程度	−0.004	0.246	0.880

（四）公共因子命名

由上述旋转后的因子载荷矩阵整理出公共因子的方差贡献率和与原始变量间的对应关系（表3-8）。

表3-8　公共因子和原始变量对应关系表

公共因子	F_1（31.688）	F_2（30.831）	F_3（24.353）
原始指标	符合教师教学水平	难易水平适当程度	教学内容编制完整程度
	符合学生身心特点	观点理论正确程度	教学内容编制连贯程度
	符合体育教学目标	关键论述到位程度	内容编制类型多样程度
	符合体育教学条件	重点难点合理程度	

根据条目和公共因子的对应关系所反映的归属指标的共同特征，结合专家、学者意见，将公共因子进行了命名（表3-9）。将"教学内容编制"的因子命名为教学内容编制的适宜性、教学内容编制的逻辑性和教学内容编制的系统性。

表3-9　公共因子命名表

公共因子	原始指标	因子载荷
F_1 教学内容编制的适宜性	符合教师教学水平	0.971
	符合学生身心特点	0.950
	符合体育教学目标	0.928
	符合体育教学条件	0.873
F_2 教学内容编制的逻辑性	难易水平适当程度	0.942
	观点理论正确程度	0.932
	关键论述到位程度	0.874
	重点难点合理程度	0.858

公共因子	原始指标	因子载荷
F₃ 教学内容编制的系统性	教学内容编制完整程度	0.945
	教学内容编制连贯程度	0.924
	内容编制类型多样程度	0.880

二、"体育教学设计"的统计结果

（一）信度、效度检验

1.克朗巴哈系数

克朗巴哈系数检验的结果表明，问卷的整体 α 值为0.850，平均 α 值为0.918，两项 α 值都在0.800以上，说明该问卷具有较高的信度（表3-10）。

表3-10　克朗巴哈系数检验表

克朗巴哈系数	标准的克朗巴哈系数	项目个数
0.843	0.916	12

2.KMO检验及Bartlett's球形检验

KMO检验及Bartlett's球形检验结果显示，KMO值为0.899，χ^2 值为1 762.438（df=66，Sig.=0.000），达到显著性水平，可以拒绝原假设。效度检验通过，可以进行下一步操作（表3-11）。

表3-11　KMO和Bartlett's 球形检验表

KMO抽样适合性检验		0.899
Bartlett's球形检验	卡方值	1 762.438
	自由度（df）	66
	显著性（Sig.）	0.000

（二）公共因子提取

提取特征值大于1的两个公共因子，其累计方差贡献率约为73.476%，公共因子中特征值最小为2.628，最大为6.189，方差贡献率分别是21.898%和51.578%。公共因子的累计方差贡献率达73.476%，表明公共因子对"体育教学设计"代表性较高（表3-12）。

表3-12　总体方差解释表

序号	初始特征值			提取平方和			旋转平方和		
	合计	方差（%）	累积（%）	合计	方差（%）	累积（%）	合计	方差（%）	累积（%）
1	6.561	54.675	54.675	6.561	54.675	54.675	6.189	51.578	51.578
2	2.256	18.800	73.476	2.256	18.800	73.476	2.628	21.898	73.476
3	0.548	4.568	78.044						
4	0.486	4.050	82.094						
5	0.395	3.294	85.388						
6	0.391	3.254	88.642						
7	0.349	2.904	91.547						
8	0.299	2.493	94.040						
9	0.242	2.013	96.053						
10	0.236	1.964	98.017						
11	0.132	1.098	99.115						
12	0.106	0.885	100.000						

通过因子分析碎石图，可以清楚地看到自第三个因子后特征值开始呈平坦趋势，但由于第三个因子特征值较小，且方差贡献率很低，因此应被排除（图3-2）。

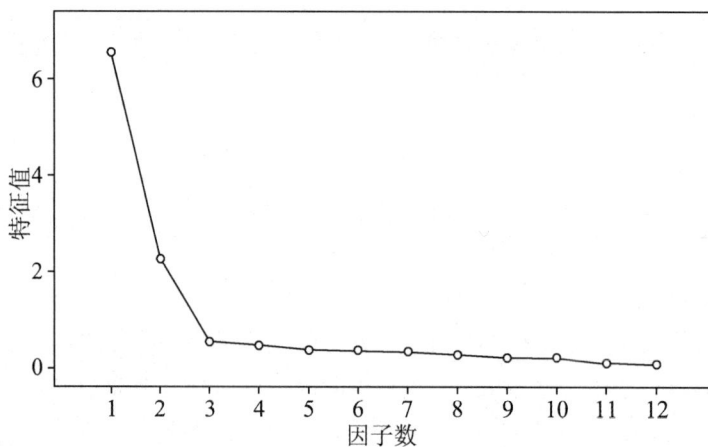

图3-2　因子分析碎石图

（三）因子载荷情况

为更加清楚地掌握指标归属，应用方差最大化正交旋转法对原始载荷矩阵进行旋转，获得如下因子载荷结果（表3-13）。

表3-13 旋转后的因子载荷矩阵表

	因子	
	1	2
教学内容分析透彻程度	0.877	0.078
教学目标设置明确程度	0.876	0.126
教学内容选择适合程度	0.842	0.191
教学方法运用恰当程度	0.839	0.101
学生特点分析全面程度	0.835	0.185
教学过程安排科学程度	0.834	0.107
运动负荷预计准确程度	0.822	0.047
场地器材规划合理程度	0.778	0.199
练习形式组织多样程度	0.717	0.029
文字精练规范程度	0.093	0.939
表格清楚明晰程度	0.085	0.936
结构连贯完整程度	0.187	0.844

（四）公共因子命名

由上述旋转后的因子载荷矩阵，可整理出公共因子与原始变量间的对应关系（表3-14）。

表3-14 公共因子和原始变量对应关系表

公共因子	F_1（51.578）	F_2（21.898）
原始指标	教学内容分析透彻程度	文字精练规范程度
	教学目标设置明确程度	表格清楚明晰程度
	教学内容选择适合程度	结构连贯完整程度
	教学方法运用恰当程度	
	学生特点分析全面程度	
	教学过程安排科学程度	

续表

公共因子	F₁（51.578）	F₂（21.898）
原始指标	运动负荷预计准确程度	
	场地器材规划合理程度	
	练习形式组织多样程度	

根据指标与公共因子的对应关系，结合专家、学者意见，将公共因子命名为教学设计的内容和教学设计的形式（表3-15）。

表3-15　公共因子命名表

公共因子	原始指标	因子载荷
F₁ 教学设计的内容	教学内容分析透彻程度	0.877
	教学目标设置明确程度	0.876
	教学内容选择适合程度	0.842
	教学方法运用恰当程度	0.839
	学生特点分析全面程度	0.835
	教学过程安排科学程度	0.834
	运动负荷预计准确程度	0.822
	场地器材规划合理程度	0.778
	练习形式组织多样程度	0.717
F₂ 教学设计的形式	文字精练规范程度	0.939
	表格清楚明晰程度	0.936
	结构连贯完整程度	0.844

第三节 体育课前准备技能评价指标体系的构建

评价指标体系的构建是体育课前准备技能评价最为重要的环节，主要包括评价指标获得和评价指标权重确定两个部分。评价指标的获得是对价值评判的实际标准的确认，评价指标权重的确定是对指标在评价对象时重要程度的量化，二者是相互联系、相辅相成的关系。

一、体育课前准备技能评价指标获得

对相关数据进行信度、效度检验和探索性因子分析后，最终共获得2个一级指标、5个二级指标和23个三级指标。根据指标的归属关系，对指标拟定了名称，尽量科学合理地呈现出三级指标的框架（表3-16和表3-17）。

表3-16 "教学内容编制"指标统计表

一级指标	二级指标	三级指标
教学内容编制	教学内容编制的适宜性	符合教师教学水平
		符合学生身心特点
		符合体育教学目标
		符合体育教学条件
	教学内容编制的逻辑性	难易水平适当程度
		观点理论正确程度
		关键论述到位程度
		重点难点合理程度
	教学内容编制的系统性	教学内容编制完整程度
		教学内容编制连贯程度
		内容编制类型多样程度

表3-17 "体育教学设计"指标统计表

体育教学设计	教学设计的内容	教学内容分析透彻程度
		教学目标设置明确程度
		教学内容选择适合程度
		教学方法运用恰当程度
		学生特点分析全面程度
		教学过程安排科学程度
		运动负荷预计准确程度
		场地器材规划合理程度
		练习形式组织多样程度
	教学设计的形式	文字精练规范程度
		表格清楚明晰程度
		结构连贯完整程度

二、体育课前准备技能评价权重确定

各级指标权重的确定对评价的实际应用意义重大，只有权重科学、客观才能获得正确的评价结果。体育课前准备技能评价权重确定主要包括一级指标权重、二级指标权重和三级指标权重的确定。

（一）一级指标权重的确定

通过专家问卷，了解和记录专家对"体育课前准备技能"评价两个一级指标的权重判断，然后将其进行归一化处理后取平均值，即得到以下"体育课前准备技能"一级指标的权重数值（表3-18）。

表3-18 "体育课前准备技能"一级指标权重统计表

评价对象	一级指标	权重
体育课前准备技能	教学内容编制	0.266
	体育教学设计	0.734

（二）二级指标权重的确定

1. "教学内容编制"二级指标权重的计算

将提取的三个公共因子作为评价的二级指标，将其解释方差比例进行归一化处理，可得到二级指标的权重（表3-19）。

表3-19 "教学内容编制"二级指标权重统计表

一级指标	二级指标	解释方差比例	权重
教学内容编制	教学内容编制的适宜性	31.688%	0.365
	教学内容编制的逻辑性	30.831%	0.355
	教学内容编制的系统性	24.353%	0.280

2."体育教学设计"二级指标权重的计算

将提取的公共因子作为二级指标，将其解释方差比例进行归一化处理后，即得到二级指标权重（表3-20）。

表3-20 "体育教学设计"二级指标权重统计表

一级指标	二级指标	解释方差比例	权重
体育教学设计	教学设计的内容	51.578%	0.702
	教学设计的形式	21.898%	0.298

（三）三级指标权重的确定

1."教学内容编制"三级指标权重的计算

依据表3-7中的因子载荷数据，将其进行归一化处理，获得各公共因子的载荷归一化值，再将公共因子的权重和对应的载荷归一化值的乘积相加，可得到三级指标的权重（表3-21）。

表3-21 "教学内容编制"三级指标权重统计表

三级指标	F_1	F_2	F_3	F_4	权重
符合教师教学水平	0.245	0.001	0.023	0.245	0.096
符合学生身心特点	0.240	0.003	0.021	0.240	0.094
符合体育教学目标	0.234	0.005	0.004	0.234	0.088
符合体育教学条件	0.220	0.005	0.003	0.220	0.083
难易水平适当程度	0.006	0.219	0.040	0.006	0.091
观点理论正确程度	0.005	0.217	0.041	0.005	0.090
关键论述到位程度	0.002	0.204	0.046	0.002	0.086
重点难点合理程度	0.007	0.200	0.073	0.007	0.094
教学内容编制完整程度	0.019	0.043	0.258	0.019	0.095
教学内容编制连贯程度	0.022	0.046	0.252	0.022	0.095
内容编制类型多样程度	0.001	0.057	0.240	0.001	0.088

2. "体育教学设计"三级指标权重的计算

依据表3-13中的因子载荷数据,将其进行归一化处理后,再将公共因子的权重和对应的载荷归一化值的乘积相加,即可得到三级指标的权重(表6-22)。

表3-22 "体育教学设计"三级指标权重统计表

三级指标	F_1	F_2	权重
教学内容分析透彻程度	0.113	0.021	0.085
教学目标设置明确程度	0.113	0.033	0.089
教学内容选择适合程度	0.108	0.051	0.091
教学方法运用恰当程度	0.108	0.027	0.084
学生特点分析全面程度	0.107	0.049	0.090
教学过程安排科学程度	0.107	0.028	0.084
运动负荷预计准确程度	0.106	0.012	0.078
场地器材规划合理程度	0.100	0.053	0.086
练习形式组织多样程度	0.092	0.008	0.067
文字精练规范程度	0.012	0.248	0.082
表格清楚明晰程度	0.011	0.247	0.081
结构连贯完整程度	0.024	0.223	0.083

三、体育课前准备技能评价指标体系的构建

根据一级指标、二级指标和三级指标权重的计算结果,将权重合并归一,最终构建体育课前准备技能评价指标体系(表3-23)。

表3-23 体育课前准备技能评价指标体系

一级指标	权重	二级指标	权重	三级指标	权重
教学内容编制	0.266	教学内容编制的适宜性	0.097	符合教师教学水平	0.018
				符合学生身心特点	0.017
				符合体育教学目标	0.016
				符合体育教学条件	0.015

续表

一级指标	权重	二级指标	权重	三级指标	权重
教学内容编制	0.266	教学内容编制的逻辑性	0.094	难易水平适当程度	0.016
				观点理论正确程度	0.016
				关键论述到位程度	0.015
				重点难点合理程度	0.017
		教学内容编制的系统性	0.074	教学内容编制完整程度	0.013
				教学内容编制连贯程度	0.013
				内容编制类型多样程度	0.012
体育教学设计	0.734	教学设计的内容	0.515	教学内容分析透彻程度	0.082
				教学目标设置明确程度	0.086
				教学内容选择适合程度	0.088
				教学方法运用恰当程度	0.081
				学生特点分析全面程度	0.087
				教学过程安排科学程度	0.081
				运动负荷预计准确程度	0.076
				场地器材规划合理程度	0.083
				练习形式组织多样程度	0.065
		教学设计的形式	0.219	文字精练规范程度	0.034
				表格清楚明晰程度	0.033
				结构连贯完整程度	0.034

第四章

体育课堂教学基础技能评价

第一节　体育课堂教学基础技能评价指标的获得

体育课堂教学基础技能是所有体育教师都应具备的基本技能，它是顺利完成教学任务的基础，也是达成教学目标的保障。

采用问卷调查、专家访谈等方法对有关专家、学者、体育教师和学校管理人员进行深入调查，在获得可靠的一手数据的基础上，结合体育课堂教学评价方面的相关研究成果，经过统计、排序、分析，初步提出体育课堂教学基础技能评价的维度和指标。

体育课堂教学基础技能评价的三个维度包括教学组织管理、基础语言运用和教学书写绘图，具体见表4-1。

表4-1　体育课堂教学基础技能评价的维度

评价对象	维度
体育课堂教学基础技能评价	教学组织管理
	基础语言运用
	教学书写绘图

"教学组织管理"维度包括教学场地选择与布置、教学器材检查与准备、班级学生交流的组织、教学组织形式的确定、相关同事领导的沟通、教学常规工作的贯彻、特定教学纪律的制定、教育管理手段的使用、教学纪律规定的执行、教学反馈机制的运行等15个评价指标（表4-2）。

表4-2 "教学组织管理"的评价指标

评价维度	评价指标
教学组织管理	教学场地选择与布置
	教学器材检查与准备
	班级学生交流的组织
	教学组织形式的确定
	相关同事领导的沟通
	教学常规工作的贯彻
	特定教学纪律的制定
	教育管理手段的使用
	教学纪律规定的执行
	教学反馈机制的运行
	学习骨干作用的发挥
	教学反馈渠道的构建
	学生反馈方法的掌握
	学生反馈小组的建立
	民主教学方法的运用

"基础语言运用"维度包括表达清晰标准程度、节奏流畅合理程度、学科术语准确程度、造句简明易懂程度、语音规范准确程度、情感丰富适中程度、逻辑思维严密程度、语调舒缓适当程度等22个评价指标（表4-3）。

表4-3 "基础语言运用"的评价指标

评价维度	评价指标
基础语言运用	表达清晰标准程度
	节奏流畅合理程度
	学科术语准确程度
	造句简明易懂程度
	语音规范准确程度
	情感丰富适中程度
	逻辑思维严密程度
	语调舒缓适当程度

评价维度	评价指标
基础语言运用	着装达标得体程度
	目光集中柔和程度
	面部自然亲切程度
	站姿稳定挺拔程度
	坐姿抬头挺胸程度
	走姿协调从容程度
	动作快速有力程度
	手势自如适当程度
	书写规范美观程度
	表达清楚深刻程度
	修辞准确生动程度
	语法标点正确程度
	字体符合潮流程度
	布局合理规范程度

　　"教学书写绘图"维度包括基本书写方法掌握程度、主要书写技巧使用程度、个人书写功底雄厚程度、书写用笔准确规范程度、书写结构清晰规范程度、书写字体工整优美程度、简图结构比例合理程度、人体比例关系熟悉程度、绘图工具使用熟练程度等12个评价指标（表4-4）。

表4-4　"教学书写绘图"的评价指标

评价维度	评价指标
教学书写绘图	基本书写方法掌握程度
	主要书写技巧使用程度
	个人书写功底雄厚程度
	书写用笔准确规范程度
	书写结构清晰规范程度
	书写字体工整优美程度
	简图结构比例合理程度
	人体比例关系熟悉程度

续表

评价维度	评价指标
教学书写绘图	绘图工具使用熟练程度
	电脑绘图应用精通程度
	体育简图画法掌握程度
	简图绘制准确生动程度

第二节　体育课堂教学基础技能评价指标的测试结果

首先，对问卷调查数据进行题总相关和高低分组独立样本t检验，将体总相关在0.4以下的及未通过t检验的指标予以删除，接下来再对剩余数据进行信度、效度检验和因子分析，最终确定体育课堂教学基础技能评价的指标，为评价指标体系的构建打好基础。

一、"教学组织管理"的统计结果

（一）信度、效度检验

1. 克朗巴哈系数

"教学组织管理"的克朗巴哈系数检验的结果显示，项目的整体 α 值为0.767，平均 α 值为0.768，两项 α 值都在0.700以上，说明该数据的信度可以接受（表4-5）。

表4-5　克朗巴哈系数检验表

克朗巴哈系数	标准的克朗巴哈系数	项目个数
0.767	0.768	12

2. KMO检验及Bartlett's球形检验

"教学组织管理"的KMO检验及Bartlett's球形检验结果显示，KMO为0.731，χ^2 值为1 219.713（df=66，Sig.=0.000），达到显著性水平，说明数据的效度较好（表4-6）。

表4-6　KMO和Bartlett's球形检验表

KMO抽样适合性检验		0.731
Bartlett's球形检验	卡方值	1 219.713
	自由度（df）	66
	显著性（Sig.）	0.000

（二）公共因子提取

提取特征值大于1的四个公共因子，累计方差贡献率达到80.120%，公共因子中特征值依次为3.023、2.998、1.834、1.760，方差贡献率依次为25.192%、24.980%、15.280%、14.668%。公共因子的累计方差贡献率已经达到80.120%，说明公共因子对"教学组织管理"解释和代表性较好（表4-7）。

表4-7　总体方差解释表

序号	初始特征值			提取平方和			旋转平方和		
	合计	方差（%）	累积（%）	合计	方差（%）	累积（%）	合计	方差（%）	累积（%）
1	3.552	29.596	29.596	3.552	29.596	29.596	3.023	25.192	25.192
2	2.793	23.277	52.874	2.793	23.277	52.874	2.998	24.980	50.172
3	1.787	14.895	67.769	1.787	14.895	67.769	1.834	15.280	65.453
4	1.482	12.352	80.120	1.482	12.352	80.120	1.760	14.668	80.120
5	0.447	3.722	83.842						
6	0.424	3.536	87.378						
7	0.327	2.729	90.107						
8	0.305	2.539	92.646						
9	0.285	2.376	95.022						
10	0.252	2.096	97.118						
11	0.180	1.501	98.619						
12	0.166	1.381	100.000						

通过碎石图可以看出，特征值从因子5开始呈平坦趋势，而第五个因子的特征值小于1，且方差贡献率很低，因此舍去，最终提取四个公共因子是较为合理的操作（图4-1）。

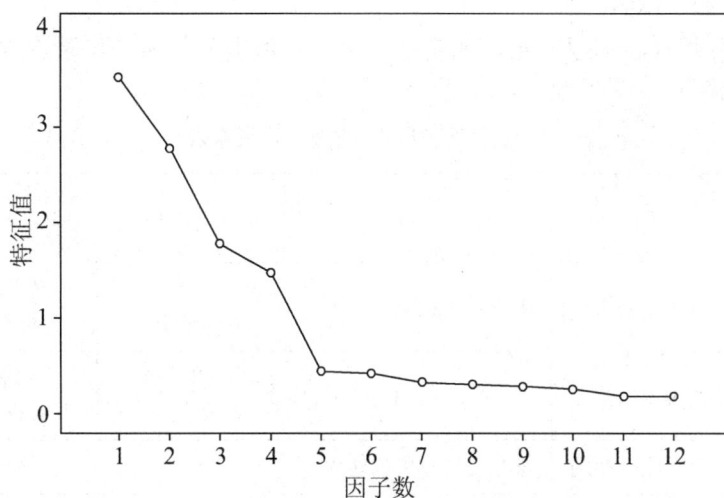

图4-1 因子分析碎石图

（三）因子载荷情况

利用最大正交旋转法对载荷进行处理，得到"教学组织管理"的因子载荷结果（表4-8）。

表4-8 旋转后的因子载荷矩阵表

	因子			
	1	2	3	4
教学常规工作的贯彻	0.871	−0.015	0.084	−0.033
教学纪律规定的执行	0.868	0.085	0.084	0.014
教育管理手段的使用	0.863	0.119	0.039	0.019
特定教学纪律的制定	0.855	−0.015	0.013	0.042
教学反馈机制的运行	0.034	0.894	0.100	−0.035
学习骨干作用的发挥	0.100	0.867	0.125	−0.016
学生反馈小组的建立	0.078	0.844	−0.049	0.137
民主教学方法的运用	−0.047	0.815	0.010	0.303
班级学生交流的组织	0.067	−0.003	0.955	−0.024
教学组织形式的确定	0.104	0.146	0.937	0.003
教学场地选择与布置	0.001	0.085	−0.030	0.912
教学器材检查与准备	0.035	0.143	0.010	0.901

（四）公共因子命名

根据指标数据在各因子上载荷的实际情况，整理出公共因子与原始指标间的对应关系（表4-9）。

表4-9　公共因子和原始指标对应关系表

公共因子	F_1（25.192）	F_2（24.980）	F_3（15.280）	F_4（14.668）
原始指标	教学常规工作的贯彻	教学反馈机制的运行	班级学生交流的组织	教学场地选择与布置
	教学纪律规定的执行	学习骨干作用的发挥	教学组织形式的确定	教学器材检查与准备
	教育管理手段的使用	学生反馈小组的建立		
	特定教学纪律的制定	民主教学方法的运用		

参照指标和公共因子的对应关系，结合专家意见对公共因子进行命名，分别将公共因子命名为教学纪律维度、教学反馈维度、人际关系维度和教学环境维度（表4-10）。

表4-10　公共因子命名表

公共因子	原始指标	因子载荷
F_1 教学纪律维度	教学常规工作的贯彻	0.871
	教学纪律规定的执行	0.868
	教育管理手段的使用	0.863
	特定教学纪律的制定	0.855
F_2 教学反馈维度	教学反馈机制的运行	0.894
	学习骨干作用的发挥	0.867
	学生反馈小组的建立	0.844
	民主教学方法的运用	0.815
F_3 人际关系维度	班级学生交流的组织	0.955
	教学组织形式的确定	0.937
F_4 教学环境维度	教学场地选择与布置	0.912
	教学器材检查与准备	0.901

二、"基础语言运用"的测试结果

（一）信度、效度检验

1.克朗巴哈系数

"基础语言运用"的克朗巴哈系数检验结果显示，项目的整体α值为0.868，平均α值为0.867，两项α值均都在0.800以上，表明该数据的信度较高（表4-11）。

表4-11 克朗巴哈系数检验表

克朗巴哈系数	标准的克朗巴哈系数	项目个数
0.868	0.867	19

2. KMO检验及Bartlett's球形检验

"基础语言运用"的KMO检验和Bartlett's球形检验的结果显示，KMO值为0.878，χ^2值为3 241.915（df=171，Sig.=0.000），达到了显著性水平，说明问卷调查的效度较好（表4-12）。

表4-12 KMO和Bartlett's球形检验表

KMO抽样适合性检验		0.878
Bartlett's球形检验	卡方值	3 241.915
	自由度（df）	171
	显著性（Sig.）	0.000

（二）公共因子提取

提取特征值大于1的公共因子，方差贡献率分别为27.815%、27.405%和19.524%，特征值分别为5.285、5.207和3.710。公共因子的累计方差贡献率已经达到74.744%，表明提取的公共因子对"基础语言运用"有较好的代表性（表4-13）。

表4-13 总体方差解释表

序号	初始特征值			提取平方和			旋转平方和		
	合计	方差（%）	累积（%）	合计	方差（%）	累积（%）	合计	方差（%）	累积（%）
1	5.927	31.193	31.193	5.927	31.193	31.193	5.285	27.815	27.815
2	4.634	24.391	55.585	4.634	24.391	55.585	5.207	27.405	55.220
3	3.640	19.159	74.744	3.640	19.159	74.744	3.710	19.524	74.744
4	0.720	3.791	78.535						
5	0.616	3.242	81.777						

序号	初始特征值			提取平方和			旋转平方和		
	合计	方差（%）	累积（%）	合计	方差（%）	累积（%）	合计	方差（%）	累积（%）
6	0.430	2.265	84.042						
7	0.397	2.090	86.131						
8	0.388	2.044	88.175						
9	0.358	1.882	90.057						
10	0.330	1.736	91.793						
11	0.296	1.556	93.349						
12	0.263	1.385	94.734						
13	0.250	1.318	96.051						
14	0.216	1.139	97.191						
15	0.195	1.025	98.216						
16	0.122	0.642	98.858						
17	0.097	0.513	99.370						
18	0.086	0.451	99.822						
19	0.034	0.178	100.000						

通过碎石图可以看到，特征值从因子4逐渐平缓向下，但第四个因子特征值小于1且方差贡献率低，故此舍去，最终对"基础语言运用"提取三个因子较为合理（图4-2）。

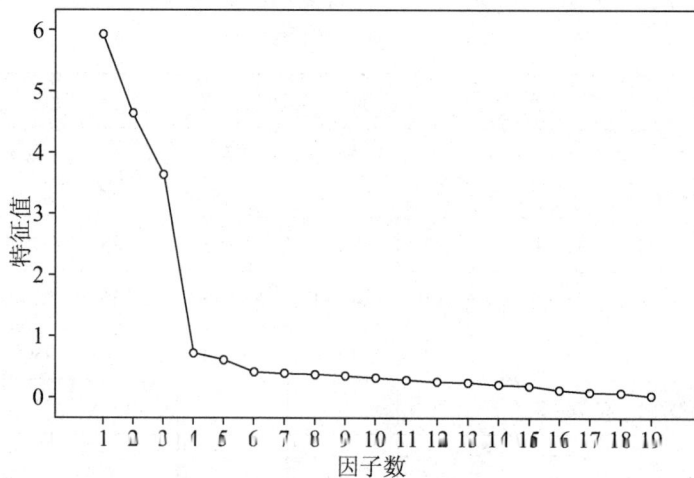

图4-2　因子分析碎石图

（三）因子载荷情况

对"基础语言运用"进行因子分析后，经正交最大化旋转得到因子载荷情况
（表4-14）。

表4-14　旋转后的因子载荷矩阵表

	因子		
	1	2	3
表达清晰标准程度	0.915	0.028	−0.004
语音规范准确程度	0.900	−0.007	−0.002
造句简明易懂程度	0.889	0.060	−0.038
情感丰富适中程度	0.870	0.014	0.022
节奏流畅合理程度	0.843	0.068	0.032
语调舒缓适当程度	0.827	0.112	0.024
逻辑思维严密程度	0.803	0.095	0.161
着装达标得体程度	−0.008	0.923	−0.016
站姿稳定挺拔程度	0.016	0.906	−0.024
面部自然亲切程度	0.037	0.903	−0.034
目光集中柔和程度	0.000	0.856	0.080
手势自如适当程度	0.119	0.831	0.058
走姿协调从容程度	0.091	0.822	−0.033
坐姿抬头挺胸程度	0.107	0.756	0.116
表达清楚深刻程度	0.061	0.016	0.930
语法标点正确程度	0.067	0.000	0.906
书写规范美观程度	0.078	0.089	0.818
布局合理规范程度	−0.032	0.075	0.814
修辞准确生动程度	−0.015	−0.057	0.798

（四）公共因子命名

根据指标的归属情况，分别整理出"基础语言运用"公共因子与原始指标间的
对应关系（表4-15）。

表4-15 公共因子和原始指标对应关系表

公共因子	F₁（27.815）	F₂（27.405）	F₃（19.524）
原始指标	表达清晰标准程度	着装达标得体程度	表达清楚深刻程度
	语音规范准确程度	站姿稳定挺拔程度	语法标点正确程度
	造句简明易懂程度	面部自然亲切程度	书写规范美观程度
	情感丰富适中程度	目光集中柔和程度	布局合理规范程度
	节奏流畅合理程度	手势自如适当程度	修辞准确生动程度
	语调舒缓适当程度	走姿协调从容程度	
	逻辑思维严密程度	坐姿抬头挺胸程度	

综合各指标的内在联系，将"基础语言运用"公共因子分别命名为口头语言运用、体态语言运用和书面语言运用（表4-16）。

表4-16 公共因子命名表

公共因子	原始指标	因子载荷
F₁ 口头语言运用	表达清晰标准程度	0.915
	语音规范准确程度	0.900
	造句简明易懂程度	0.889
	情感丰富适中程度	0.870
	节奏流畅合理程度	0.843
	语调舒缓适当程度	0.827
	逻辑思维严密程度	0.803
F₂ 体态语言运用	着装达标得体程度	0.923
	站姿稳定挺拔程度	0.906
	面部自然亲切程度	0.903
	目光集中柔和程度	0.856
	手势自如适当程度	0.831
	走姿协调从容程度	0.822
	坐姿抬头挺胸程度	0.756

续表

公共因子	原始指标	因子载荷
F_3 书面语言运用	表达清楚深刻程度	0.930
	语法标点正确程度	0.906
	书写规范美观程度	0.818
	布局合理规范程度	0.814
	修辞准确生动程度	0.798

三、"教学书写绘图"的测试结果

（一）信度、效度检验

1. 克朗巴哈系数

"教学书写绘图"的克朗巴哈系数检验的结果显示，数据的整体 α 值和平均 α 值均为0.816，两项 α 值都在0.800以上，表明数据具有较高的信度（表4-17）。

表4-17　克朗巴哈系数检验表

克朗巴哈系数	标准的克朗巴哈系数	项目个数
0.816	0.816	9

2. KMO检验及Bartlett's球形检验

"教学书写绘图"的KMO检验及Bartlett's球形检验结果显示，KMO值为0.829，χ^2 值为952.311（df=36，Sig.=0.000），达到显著性水平（表4-18）。

表4-18　KMO 和 Bartlett's 球形检验表

KMO抽样适合性检验		0.829
Bartlett's球形检验	卡方值	952.311
	自由度（df）	36
	显著性（Sig.）	0.000

（二）公共因子提取

按特征值大于1提取两个公共因子，公共因子中特征值分别为3.567和2.938，方差贡献率分别为39.630%和32.642%，公共因子的累计方差贡献率达72.272%，说明公共因子能较好地解释"教学书写绘图"（表4-19）。

表4-19　总体方差解释表

序号	初始特征值			提取平方和			旋转平方和		
	合计	方差（%）	累积（%）	合计	方差（%）	累积（%）	合计	方差（%）	累积（%）
1	3.746	41.617	41.617	3.746	41.617	41.617	3.567	39.630	39.630
2	2.759	30.655	72.272	2.759	30.655	72.272	2.938	32.642	72.272
3	0.561	6.237	78.509						
4	0.503	5.590	84.099						
5	0.396	4.399	88.498						
6	0.315	3.496	91.994						
7	0.279	3.099	95.094						
8	0.237	2.636	97.730						
9	0.204	2.270	100.000						

从碎石图可以清楚地看到，自第三个因子开始特征值呈平坦趋势，由于第三个因子特征值小于1，且方差贡献率低，因此予以排除（图4-3）。

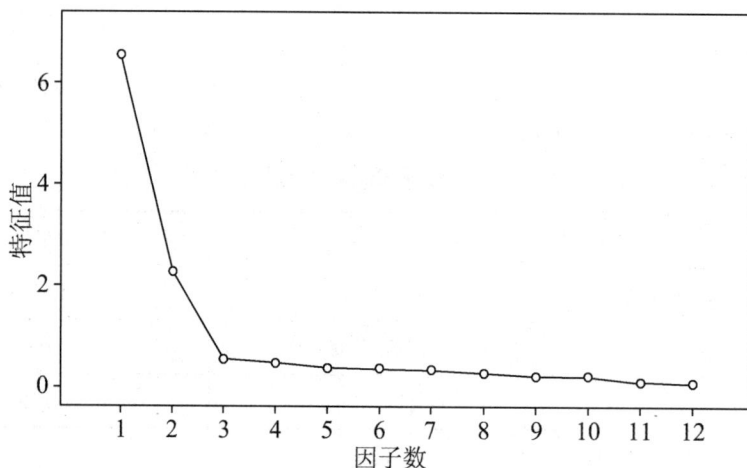

图4-3　因子分析碎石图

（三）因子载荷情况

为了解"教学书写绘图"指标的归属，使用方差最大化正交旋转法对载荷矩阵进行旋转，得到旋转后的因子载荷结果（表4-20）。

表4-20 旋转后的因子载荷矩阵表

	因子	
	1	2
基本书写方法掌握程度	0.874	0.133
书写用笔准确规范程度	0.870	−0.007
书写字体工整优美程度	0.830	0.003
书写结构清晰规范程度	0.821	0.131
主要书写技巧使用程度	0.817	−0.010
简图结构比例合理程度	0.057	0.887
体育简图画法掌握程度	0.089	0.862
简图绘制准确生动程度	0.046	0.843
绘图工具使用熟练程度	0.002	0.813

（四）公共因子命名

根据"教学书写绘图"旋转后的因子载荷矩阵，整理出公共因子与原始指标间的对应关系（表4-21）。

表4-21 公共因子和原始变量对应关系表

公共因子	F_1（39.630）	F_2（32.642）
原始指标	基本书写方法掌握程度	简图结构比例合理程度
	书写用笔准确规范程度	体育简图画法掌握程度
	书写字体工整优美程度	简图绘制准确生动程度
	书写结构清晰规范程度	绘图工具使用熟练程度
	主要书写技巧使用程度	

考虑评价指标与公共因子的对应关系，结合访谈意见，将公共因子命名为教学书写和教学绘图（表4-22）。

表4-22　公共因子命名表

公共因子	原始指标	因子载荷
F₁ 教学书写	基本书写方法掌握程度	0.874
	书写用笔准确规范程度	0.870
	书写字体工整优美程度	0.830
	书写结构清晰规范程度	0.821
	主要书写技巧使用程度	0.817
F₂ 教学绘图	简图结构比例合理程度	0.887
	体育简图画法掌握程度	0.862
	简图绘制准确生动程度	0.843
	绘图工具使用熟练程度	0.813

第三节　体育课堂教学基础技能评价指标体系的构建

体育课堂教学基础技能评价指标体系的构建是对其评价指标确定和权重分配的过程，主要包括三个环节，即指标获得环节、权重确定环节和最终的评价指标体系构建环节。

一、体育课堂教学基础技能评价指标的获得

根据数据的统计处理结果，最终获得体育课堂教学基础技能评价的"教学组织管理""基础语言运用"和"教学书写绘图"三个维度的相关指标（表4-23～表4-25）。

表4-23 "教学组织管理"指标统计表

一级指标	二级指标	三级指标
教学组织管理	教学纪律维度	教学常规工作的贯彻
		教学纪律规定的执行
		教育管理手段的使用
		特定教学纪律的制定
	教学反馈维度	教学反馈机制的运行
		学习骨干作用的发挥
		学生反馈小组的建立
		民主教学方法的运用
	人际关系维度	班级学生交流的组织
		教学组织形式的确定
	教学环境维度	教学场地选择与布置
		教学器材检查与准备

表4-24 "基础语言运用"指标统计表

一级指标	二级指标	三级指标
基础语言运用	口头语言运用	表达清晰标准程度
		语音规范准确程度
		造句简明易懂程度
		情感丰富适中程度
		节奏流畅合理程度
		语调舒缓适当程度
		逻辑思维严密程度
	体态语言运用	着装达标得体程度
		站姿稳定挺拔程度
		面部自然亲切程度
		目光集中柔和程度
		手势自如适当程度
		走姿协调从容程度
		坐姿抬头挺胸程度

一级指标	二级指标	三级指标
基础语言运用	书面语言运用	表达清楚深刻程度
		语法标点正确程度
		书写规范美观程度
		布局合理规范程度
		修辞准确生动程度

表4-25 "教学书写绘图"指标统计表

一级指标	二级指标	三级指标
教学书写绘图	教学书写	基本书写方法掌握程度
		书写用笔准确规范程度
		书写字体工整优美程度
		书写结构清晰规范程度
		主要书写技巧使用程度
	教学绘图	简图结构比例合理程度
		体育简图画法掌握程度
		简图绘制准确生动程度
		绘图工具使用熟练程度

二、体育课堂教学基础技能评价权重的确定

权重确定是对权重的计算和赋予，是根据统计数据计算结果对各评价指标重要性的量化处理和科学界定。

（一）一级指标权重的计算

通过专家问卷，了解和记录专家对"体育课堂教学基础技能"评价三个一级指标的权重判断，在将数据进行归一化处理后取平均值，即得到以下"体育课堂教学基础技能"一级指标的权重数值（表4-26）。

表4-26 "体育课堂教学基础技能"一级指标权重统计表

评价对象	一级指标	权重
体育课堂教学基础技能	教学组织管理	0.397

评价对象	一级指标	权重
体育课堂教学基础技能	基础语言运用	0.368
	教学书写绘图	0.235

（二）二级指标权重的计算

1."教学组织管理"二级指标权重的计算

将"教学组织管理"因子分析中提取的公共因子作为二级指标，对其解释方差比例进行归一化处理后，即获得二级指标权重（表4-27）。

表4-27 "教学组织管理"二级指标权重统计表

一级指标	二级指标	解释方差比例	权重
教学组织管理	教学纪律维度	25.192%	0.314
	教学反馈维度	24.980%	0.312
	人际关系维度	15.280%	0.191
	教学环境维度	14.668%	0.183

2."基础语言运用"二级指标权重的计算

将"基础语言运用"因子分析提取的公共因子作为评价的二级指标，并对其解释方差比例进行归一化，即获得二级指标的权重（表4-28）。

表4-28 "基础语言运用"二级指标权重统计表

一级指标	二级指标	解释方差比例	权重
基础语言运用	口头语言运用	27.815%	0.372
	体态语言运用	27.405%	0.367
	书面语言运用	19.524%	0.261

3."教学书写绘图"二级指标权重的计算

将"教学书写绘图"因子分析重所提取的公共因子作为二级指标，对各公共因子的解释方差比例进行归一化处理，即获得二级指标的权重（表4-29）。

表4-29 "教学书写绘图"二级指标权重统计表

一级指标	二级指标	解释方差比例	权重
基础语言运用	教学书写	39.630%	0.548
	教学绘图	32.642%	0.452

（三）三级指标权重的计算

1. "教学组织管理"三级指标权重的计算

根据因子载荷的数据，将因子载荷进行归一化处理后，获得各公共因子的载荷归一化值，再将每个公共因子的权重与对应的载荷归一化值的乘积相加，即得到每个三级指标的权重（表4-30）。

表4-30 "教学组织管理"三级指标权重统计表

三级指标	F_1	F_2	F_3	F_4	权重
教学常规工作的贯彻	0.222	0.004	0.034	0.014	0.080
教学纪律规定的执行	0.221	0.021	0.034	0.006	0.084
教育管理手段的使用	0.220	0.030	0.016	0.008	0.083
特定教学纪律的制定	0.218	0.004	0.005	0.017	0.074
教学反馈机制的运行	0.009	0.222	0.041	0.014	0.082
学习骨干作用的发挥	0.025	0.215	0.051	0.007	0.086
学生反馈小组的建立	0.020	0.209	0.020	0.056	0.086
民主教学方法的运用	0.012	0.202	0.004	0.124	0.090
班级学生交流的组织	0.017	0.001	0.392	0.010	0.082
教学组织形式的确定	0.027	0.036	0.385	0.001	0.093
教学场地选择与布置	0.000	0.021	0.012	0.374	0.077
教学器材检查与准备	0.009	0.035	0.004	0.369	0.082

2. "基础语言运用"三级指标权重的计算

依据因子载荷的数据，将其进行归一化处理后，获得各公共因子的载荷归一化值，然后将每个公共因子的权重与对应的载荷归一化值的乘积相加，便获得每个三级指标的权重（表4-31）。

表4-31 "基础语言运用"三级指标权重统计表

三级指标	F_1	F_2	F_3	权重
表达清晰标准程度	0.137	0.004	0.001	0.053
语音规范准确程度	0.135	0.001	0.000	0.051
造句简明易懂程度	0.133	0.009	0.008	0.055
情感丰富适中程度	0.130	0.002	0.004	0.050
节奏流畅合理程度	0.126	0.010	0.007	0.052
语调舒缓适当程度	0.124	0.017	0.005	0.054

三级指标	F₁	F₂	F₃	权重
逻辑思维严密程度	0.120	0.014	0.033	0.059
着装达标得体程度	0.001	0.139	0.003	0.052
站姿稳定挺拔程度	0.002	0.137	0.005	0.052
面部自然亲切程度	0.006	0.136	0.007	0.054
目光集中柔和程度	0.000	0.129	0.016	0.052
手势自如适当程度	0.018	0.126	0.012	0.056
走姿协调从容程度	0.014	0.124	0.007	0.052
坐姿抬头挺胸程度	0.016	0.114	0.024	0.054
表达清楚深刻程度	0.009	0.002	0.189	0.054
语法标点正确程度	0.010	0.000	0.185	0.052
书写规范美观程度	0.012	0.013	0.167	0.053
布局合理规范程度	0.005	0.011	0.166	0.049
修辞准确生动程度	0.002	0.009	0.163	0.046

3. "教学书写绘图"三级指标权重的计算

使用因子载荷的数据，对其进行归一化处理后，得到各公共因子的载荷归一化值，再将每个公共因子的权重与对应的载荷归一化值的乘积相加，即获得每个三级指标的权重（表4–32）。

表4–32　"教学书写绘图"三级指标权重统计表

三级指标	F₁	F₂	权重
基本书写方法掌握程度	0.198	0.133	0.125
书写用笔准确规范程度	0.197	0.002	0.109
书写字体工整优美程度	0.188	0.001	0.104
书写结构清晰规范程度	0.186	0.036	0.118
主要书写技巧使用程度	0.185	0.003	0.103
简图结构比例合理程度	0.013	0.240	0.116
体育简图画法掌握程度	0.020	0.234	0.117
简图绘制准确生动程度	0.010	0.229	0.109
绘图工具使用熟练程度	0.000	0.220	0.100

三、体育课堂教学基础技能评价指标体系的构建

依据一级指标、二级指标和三级指标权重的计算结果，将权重合并归一，最终构建出体育课堂教学基础技能评价指标体系（表4-33）。

表4-33 体育课堂教学基础技能评价指标体系

一级指标	权重	二级指标	权重	三级指标	权重
教学组织管理	0.397	教学纪律维度	0.125	教学常规工作的贯彻	0.049
				教学纪律规定的执行	0.051
				教育管理手段的使用	0.051
				特定教学纪律的制定	0.045
		教学反馈维度	0.124	教学反馈机制的运行	0.050
				学习骨干作用的发挥	0.052
				学生反馈小组的建立	0.052
				民主教学方法的运用	0.054
		人际关系维度	0.076	班级学生交流的组织	0.030
				教学组织形式的确定	0.034
		教学环境维度	0.073	教学场地选择与布置	0.027
				教学器材检查与准备	0.029
基础语言运用	0.368	口头语言运用	0.137	表达清晰标准程度	0.014
				语音规范准确程度	0.014
				造句简明易懂程度	0.015
				情感丰富适中程度	0.013
				节奏流畅合理程度	0.014
				语调舒缓适当程度	0.014
				逻辑思维严密程度	0.016
		体态语言运用	0.135	着装达标得体程度	0.014
				站姿稳定挺拔程度	0.014
				面部自然亲切程度	0.014
				目光集中柔和程度	0.014
				手势自如适当程度	0.015

一级指标	权重	二级指标	权重	三级指标	权重
基础语言运用	0.368	体态语言运用	0.135	走姿协调从容程度	0.014
				坐姿抬头挺胸程度	0.014
		书面语言运用	0.096	表达清楚深刻程度	0.010
				语法标点正确程度	0.010
				书写规范美观程度	0.010
				布局合理规范程度	0.009
				修辞准确生动程度	0.009
教学书写绘图	0.235	教学书写	0.129	基本书写方法掌握程度	0.031
				书写用笔准确规范程度	0.027
				书写字体工整优美程度	0.026
				书写结构清晰规范程度	0.030
				主要书写技巧使用程度	0.026
		教学绘图	0.106	简图结构比例合理程度	0.024
				体育简图画法掌握程度	0.024
				简图绘制准确生动程度	0.022
				绘图工具使用熟练程度	0.021

第五章
体育课堂教学核心技能评价

第一节　体育课堂教学核心技能评价指标的获得

体育课堂教学核心技能是中学体育教师应具备的最为关键的教学技能，因此，对体育课堂教学核心技能的评价就显得尤为重要。教学核心技能评价的准确与否在一定程度上直接决定着体育教师工作的结果，同时影响着体育教师工作的积极性。

在查询、分析和总结体育课堂教学、体育教学技能及体育教育教学技能评价等相关文献资料的基础上，结合专家、学者问卷调查和访谈的结果，对评价材料的结构、语词进行排序、修改、调整后，初步形成体育课堂教学核心技能评价的维度和评价指标。

体育课堂教学核心技能评价包括七个维度，即教学内容讲解、技术动作示范、动作指导纠正、动作保护帮助、教学器材辅助、教学媒体应用和运动负荷调控（表5-1）。

表5-1　体育课堂教学核心技能评价的维度

评价对象	维度
体育课堂教学核心技能评价	教学内容讲解
	技术动作示范
	动作指导纠正
	动作保护帮助
	教学器材辅助
	教学媒体应用
	运动负荷调控

"教学内容讲解"维度包括讲解内容选择、讲解内容逻辑、讲解内容顺序、讲解内容丰富、讲解内容难点、讲解内容重点、讲解内容结构、讲解内容层次、讲解技术术语、讲解语言词量、讲解词汇使用等15个评价指标（表5-2）。

表5-2　"教学内容讲解"的评价指标

评价维度	评价指标
教学内容讲解	讲解内容选择
	讲解内容逻辑
	讲解内容顺序
	讲解内容丰富
	讲解内容难点
	讲解内容重点
	讲解内容结构
	讲解内容层次
	讲解技术术语
	讲解语言词量
	讲解词汇使用
	讲解语言发音
	讲解语句连贯
	讲解速度节奏
	讲解动作要领

"技术动作示范"维度包括目的明确程度、协调流畅程度、规格完整程度、表现优美程度、动作发力顺序、动作讲解配合、动作位置幅度、动作难点重点等16个评价指标（表5-3）。

表5-3　"技术动作示范"的评价指标

评价维度	评价指标
技术动作示范	目的明确程度
	协调流畅程度
	规格完整程度
	表现优美程度
	动作发力顺序

评价维度	评价指标
技术动作示范	动作讲解配合
	动作位置幅度
	动作难点重点
	动作力度节奏
	动作完成速度
	动作安全事项
	距离位置方向
	动作关键要领
	错误夸张展示
	错误特征表现
	错误示范细节

"动作指导纠正"维度包括语言信号提示动作节奏、具体形象比喻动作错误、使用语言强调动作关键、分析讲解正误动作区别、说明动作错误补充要求、刻意放大动作错误原因等19个评价指标（表5-4）。

表5-4　"动作指导纠正"的评价指标

评价维度	评价指标
动作指导纠正	语言信号提示动作节奏
	具体形象比喻动作错误
	使用语言强调动作关键
	分析讲解正误动作区别
	说明动作错误补充要求
	刻意放大动作错误原因
	示范正误技术动作区别
	夸张示范错误技术动作
	重复示范正确技术动作
	分解动作进行指导纠正
	辅助手段进行指导纠正
	变换难度进行指导纠正

续表

评价维度	评价指标
动作指导纠正	使用教具进行指导纠正
	附加条件进行指导纠正
	利用表象进行指导纠正
	使用想象进行指导纠正
	采用评价进行指导纠正
	通过反馈进行指导纠正
	心理暗示进行指导纠正

"动作保护帮助"维度包括拥有的责任感、具备安全对策、熟悉安全规定、保护位置变换、保护方法应用、保护时机选择、保护方式选择、事故预先判断、保护时间预计、动作帮助目的等16个评价指标（表5-5）。

表5-5　"动作保护帮助"的评价指标

评价维度	评价指标
动作保护帮助	拥有的责任感
	具备安全对策
	熟悉安全规定
	保护位置变换
	保护方法应用
	保护时机选择
	保护方式选择
	事故预先判断
	保护时间预计
	动作帮助目的
	动作帮助方法
	动作帮助手段
	动作帮助效果
	动作帮助时机
	动作帮助速度
	动作帮助力度

"教学器材辅助"维度包括辅助目的是否明确、利于重点难点突破、照顾学生学习兴趣、场地器材选择情况、利于教学目标实现、便于师生信息交流、能够制止违规行为等21个评价指标（表5-6）。

表5-6 "教学器材辅助"的评价指标

评价维度	评价指标
教学器材辅助	辅助目的是否明确
	利于重点难点突破
	照顾学生学习兴趣
	场地器材选择情况
	利于教学目标实现
	便于师生信息交流
	能够制止违规行为
	能够有效调度学生
	能够快速集合学生
	能够警告不良行为
	能够快速传递信息
	符合教学内容需要
	避免各种因素干扰
	符合安全规定要求
	符合学生身心特点
	发挥最大使用价值
	发掘现有器材功能
	改造现有场地器材
	自制开发简易教具
	创造发明实用教具
	利用自然环境条件

"教学媒体应用"维度包括具有学科特色程度、选题适合规范程度、内容科学准确程度、符合教学要求程度、选题简明扼要程度、教学目标明确程度、突出学生主体程度、注重全面发展程度、方法运用合适程度、教学策略灵活程度、技术应用合理程度等23个评价指标（表5-7）。

表5-7　"教学媒体应用"的评价指标

评价维度	评价指标
教学媒体使用	具有学科特色程度
	选题适合规范程度
	内容科学准确程度
	符合教学要求程度
	选题简明扼要程度
	教学目标明确程度
	突出学生主体程度
	注重全面发展程度
	方法运用合适程度
	教学策略灵活程度
	技术应用合理程度
	资料结构完整程度
	构思新颖实用程度
	录制方法多样程度
	媒体选择恰当程度
	视频图像清晰程度
	内容效果稳定程度
	符合技术规范程度
	欢迎程度较高程度
	完成教学任务程度
	辅助效果良好程度
	达到预定目标程度
	有效解决难点程度

　　"运动负荷调控"维度包括心率水平预计、运动疲劳判定、调整内容选择、调整顺序安排、调整方式运用、调控时机把握、调控过程设置、调控方法应用、调控操作实施、控制好评情况等13个评价指标（表5-8）。

表5-8 "运动负荷调控"的评价指标

评价维度	评价指标
运动负荷调控	心率水平预计
	运动疲劳判定
	调整内容选择
	调整顺序安排
	调整方式运用
	调控时机把握
	调控过程设置
	调控方法应用
	调控操作实施
	控制好评情况
	控制有效程度
	控制适宜程度
	控制合理程度

第二节 体育课堂教学核心技能评价指标的测试结果

首先对各指标数据进行项目分析，剔除未通过独立样本t检验和题总相关在0.4以下的指标。然后对保留数据进行信、效度检验和因子分析，以掌握指标与因子间的相互关系，为最终获得体育课堂教学核心技能评价的指标和确定各级指标权重做好准备。

一、"教学内容讲解"的测试结果

（一）信度、效度检验

1. 克朗巴哈系数

对"教学内容讲解"的克朗巴哈系数检验结果表明，其整体α值为0.859，平均

α值为0.866，两项α值均在0.800以上，说明该组数据具有较高的信度（表5-9）。

表5-9　克朗巴哈系数检验表

克朗巴哈系数	标准的克朗巴哈系数	项目个数
0.859	0.866	13

2. KMO检验及Bartlett's球形检验

"教学内容讲解"的KMO检验及Bartlett's球形检验结果显示，KMO值为0.832，χ^2值为2 042.723（df=78，Sig.=0.000），达到显著性水平，说明数据具有较好的效度（表5-10）。

表5-10　KMO和Bartlett's球形检验表

KMO抽样适合性检验		0.832
Bartlett's球形检验	卡方值	2 042.723
	自由度（df）	78
	显著性（Sig.）	0.000

（二）公共因子提取

将特征值大于1的因子进行提取，共提取两个公共因子，特征值分别为4.986和4.113，解释方差贡献率分别为38.353%、31.640%，两个公共因子的累计方差贡献率达到了69.993%，表明其对"教学内容讲解"代表性和解释效果可以接受（表5-11）。

表5-11　总体方差解释表

序号	初始特征值			提取平方和			旋转平方和		
	合计	方差（%）	累积（%）	合计	方差（%）	累积（%）	合计	方差（%）	累积（%）
1	5.155	39.654	39.654	5.155	39.654	39.654	4.986	38.353	38.353
2	3.944	30.340	69.993	3.944	30.340	69.993	4.113	31.640	69.993
3	0.852	6.553	76.547						
4	0.631	4.857	81.404						
5	0.549	4.223	85.626						
6	0.402	3.091	88.717						
7	0.369	2.839	91.556						
8	0.346	2.660	94.216						

序号	初始特征值			提取平方和			旋转平方和		
	合计	方差（%）	累积（%）	合计	方差（%）	累积（%）	合计	方差（%）	累积（%）
9	0.286	2.196	96.412						
10	0.185	1.425	97.837						
11	0.151	1.159	98.996						
12	0.074	0.567	99.563						
13	0.057	0.437	100.000						

由"教学内容讲解"因子分析碎石图可以看出，特征值从第三个因子开始明显呈平坦趋势，又因为此特征值小于1，且其方差贡献率较低，故予以舍去，最终提取两个公共因子（图5-1）。

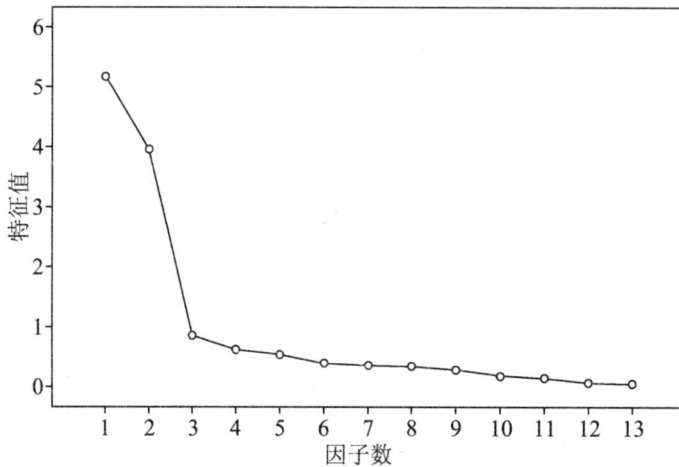

图5-1　因子分析碎石图

（三）因子载荷情况

应用方差最大化正交旋转法对载荷矩阵进行旋转，获得更为直观的"教学内容讲解"因子分析的载荷情况（表5-12）。

表5-12　旋转后的因子载荷矩阵表

	因子	
	1	2
讲解内容选择	0.872	0.037
讲解内容难点	0.861	−0.068
讲解内容顺序	0.842	−0.075
讲解内容逻辑	0.835	0.137
讲解内容结构	0.831	0.035
讲解内容层次	0.825	0.072
讲解内容重点	0.824	0.135
讲解技术术语	0.051	0.848
讲解语言发音	−0.043	0.828
讲解动作要领	0.145	0.826
讲解语句连贯	0.005	0.817
讲解词汇使用	0.067	0.810
讲解速度节奏	0.008	0.803

（四）公共因子命名

根据旋转后的因子载荷矩阵的实际大小和归属情况，整理出公共因子与原始指标之间的对应关系（表5-13）。

表5-13　公共因子和原始指标对应关系表

公共因子	F₁（38.353）	F₂（31.640）
	讲解内容选择	讲解技术术语
	讲解内容难点	讲解语言发音
	讲解内容顺序	讲解动作要领
原始指标	讲解内容逻辑	讲解语句连贯
	讲解内容结构	讲解词汇使用
	讲解内容层次	讲解速度节奏
	讲解内容重点	

由指标与公共因子的对应关系，再结合专家访谈结果，分别将公共因子命名为讲解内容设计和讲解语言表达（表5-14）。

表5-14　公共因子命名表

公共因子	原始指标	因子载荷
F₁ 讲解内容设计	讲解内容选择	0.872
	讲解内容难点	0.861
	讲解内容顺序	0.842
	讲解内容逻辑	0.835
	讲解内容结构	0.831
	讲解内容层次	0.825
	讲解内容重点	0.824
F₂ 讲解语言表达	讲解技术术语	0.848
	讲解语言发音	0.828
	讲解动作要领	0.826
	讲解语句连贯	0.817
	讲解词汇使用	0.810
	讲解速度节奏	0.803

二、"技术动作示范"的测试结果

（一）信度、效度检验

1.克朗巴哈系数

"技术动作示范"的克朗巴哈系数检验的结果显示，其整体 α 值为0.832，平均 α 值为0.828，两项 α 值均在0.800以上，表明该组数据的信度处于较好水平（表5-15）。

表5-15　克朗巴哈系数检验表

克朗巴哈系数	标准的克朗巴哈系数	项目个数
0.832	0.828	15

2.KMO检验及Bartlett's球形检验

"技术动作示范"的KMO检验及Bartlett's球形检验结果表明，其KMO值为0.776，χ^2值为2 357.236（df=105，Sig.=0.000），达到显著性水平，表明数据的效度较好（表5-16）。

表5-16　KMO和Bartlett's球形检验表

KMO抽样适合性检验		0.776
Bartlett's球形检验	卡方值	2 357.236
	自由度（df）	105
	显著性（Sig.）	0.000

（二）公共因子提取

按特征值大于1提取公共因子，总共提取了三个公共因子，其特征值分别为5.005、3.131和2.759，解释方差贡献率分别为33.364%、20.876%和18.391%。其累计解释方差贡献率达到72.631%，说明三个公共因子对"技术动作示范"的代表性较好（表5-17）。

表5-17　总体方差解释表

序号	初始特征值			提取平方和			旋转平方和		
	合计	方差（%）	累积（%）	合计	方差（%）	累积（%）	合计	方差（%）	累积（%）
1	5.042	33.615	33.615	5.042	33.615	33.615	5.005	33.364	33.364
2	3.434	22.892	56.507	3.434	22.892	56.507	3.131	20.876	54.240
3	2.419	16.124	72.631	2.419	16.124	72.631	2.759	18.391	72.631
4	0.901	6.003	78.634						
5	0.784	5.224	83.858						
6	0.675	4.501	88.358						
7	0.539	3.594	91.952						
8	0.240	1.599	93.551						
9	0.206	1.374	94.926						
10	0.181	1.208	96.134						
11	0.161	1.076	97.210						
12	0.143	0.953	98.162						
13	0.111	0.739	98.901						
14	0.088	0.584	99.486						
15	0.077	0.514	100.000						

从因子分析的碎石图可以看到，特征值从第四个因子开始明显呈平坦趋势，而第四个因子的特征值又小于1，方差贡献率也较低，因此应该舍去，最终提取三个公共因子是较为合理的选择（图5-2）。

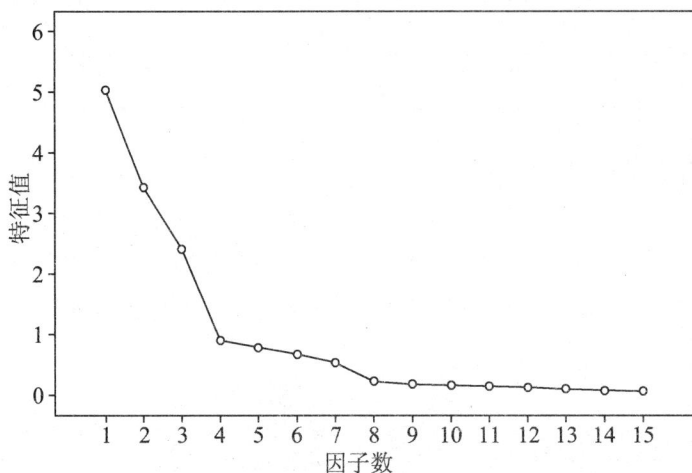

图5-2　因子分析碎石图

（三）因子载荷情况

载荷矩阵进行旋转采用方差最大化正交旋转法进行，最终得到"技术动作示范"因子分析的因子载荷具体结果（表5-18）。

表5-18　旋转后的因子载荷矩阵表

	因子		
	1	2	3
动作讲解配合	0.830	−0.058	0.013
动作难点重点	0.827	0.020	0.148
动作安全事项	0.817	−0.067	−0.076
动作关键要领	0.793	0.053	0.106
距离位置方向	0.777	0.014	−0.037
动作发力顺序	0.769	0.008	0.097
动作力度节奏	0.751	0.059	−0.016
动作位置幅度	0.746	−0.048	−0.015
目的明确程度	0.052	0.910	0.072
规格完整程度	−0.093	0.883	0.059
表现优美程度	−0.030	0.863	0.032

续表

	因子		
	1	2	3
协调流畅程度	0.058	0.858	0.093
错误夸张展示	0.030	0.053	0.960
错误特征表现	0.063	0.043	0.952
错误示范细节	0.023	0.147	0.929

（四）公共因子命名

按照旋转后因子载荷矩阵归属情况，整理出公共因子与原始指标间的实际对应关系（表5-19）。

表5-19 公共因子和原始指标对应关系表

公共因子	F_1（33.364）	F_2（20.876）	F_3（18.391）
原始指标	动作讲解配合	目的明确程度	错误夸张展示
	动作难点重点	规格完整程度	错误特征表现
	动作安全事项	表现优美程度	错误示范细节
	动作关键要领	协调流畅程度	
	距离位置方向		
	动作发力顺序		
	动作力度节奏		
	动作位置幅度		

根据指标与公共因子的对应关系和专家访谈意见，对公共因子进行命名，分别将公共因子命名为学法示范、认知示范和错误示范（表5-20）。

表5-20 公共因子命名表

公共因子	原始指标	因子载荷
F_1 学法示范	动作讲解配合	0.830
	动作难点重点	0.827
	动作安全事项	0.817
	动作关键要领	0.793
	距离位置方向	0.777

续表

公共因子	原始指标	因子载荷
F₁ 学法示范	动作发力顺序	0.769
	动作力度节奏	0.751
	动作位置幅度	0.746
F₂ 认知示范	目的明确程度	0.910
	规格完整程度	0.883
	表现优美程度	0.863
	协调流畅程度	0.858
F₃ 错误示范	错误夸张展示	0.960
	错误特征表现	0.952
	错误示范细节	0.929

三、"动作指导纠正"的测试结果

（一）信度、效度检验

1. 克朗巴哈系数

根据"动作指导纠正"的克朗巴哈系数检验的结果，整体 α 值等于0.857，平均 α 值等于0.851，两项 α 值均大于0.800，可见该组数据的信度较高（表5-21）。

表5-21 克朗巴哈系数检验表

克朗巴哈系数	标准的克朗巴哈系数	项目个数
0.857	0.851	16

2. KMO检验及Bartlett's球形检验

"动作指导纠正"的KMO检验及Bartlett's球形检验结果表明，KMO值为0.836，χ^2 值为2 515.199（df=120，Sig.=0.000），达到了显著性水平，说明数据具有较好的效度（表5-22）。

表5-22 KMO和Bartlett's 球形检验表

KMO抽样适合性检验		0.836
Bartlett's球形检验	卡方值	2 515.199
	自由度（df）	120
	显著性（Sig.）	0.000

（二）公共因子提取

共提取特征值大于1的四个公共因子，累计方差贡献率达80.148%，特征值分别为3.757、3.667、3.554和1.845，解释方差贡献率分别为23.484%、22.919%、22.214%和11.532%。四个公共因子的累计解释方差贡献率达到80%以上，说明数据对"动作指导纠正"具有较高的代表性（表5-23）。

表5-23　总体方差解释表

序号	初始特征值			提取平方和			旋转平方和		
	合计	方差（%）	累积（%）	合计	方差（%）	累积（%）	合计	方差（%）	累积（%）
1	5.631	35.193	35.193	5.631	35.193	35.193	3.757	23.484	23.484
2	3.743	23.396	58.588	3.743	23.396	58.588	3.667	22.919	46.403
3	1.852	11.575	70.163	1.852	11.575	70.163	3.554	22.214	68.617
4	1.598	9.985	80.148	1.598	9.985	80.148	1.845	11.532	80.148
5	0.513	3.204	83.352						
6	0.477	2.979	86.331						
7	0.419	2.619	88.951						
8	0.355	2.220	91.171						
9	0.302	1.886	93.056						
10	0.267	1.666	94.722						
11	0.201	1.257	95.979						
12	0.194	1.215	97.194						
13	0.173	1.080	98.274						
14	0.137	0.855	99.129						
15	0.100	0.624	99.753						
16	0.039	0.247	100.000						

由"动作指导纠正"因子分析的碎石图能够看到，从第五个因子开始特征值呈平坦态势，又因为此特征值的方差贡献率较低，所以予以排除，应该提取四个公共因子（图5-3）。

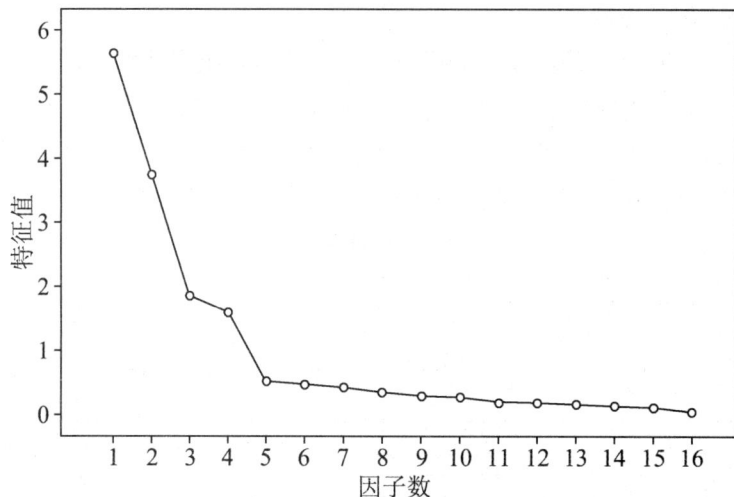

图5-3　因子分析碎石图

（三）因子载荷情况

为获得更为清晰的因子载荷情况，选择应用方差最大化正交旋转法对载荷矩阵进行旋转，最终获得"动作指导纠正"的因子载荷矩阵（表5-24）。

表5-24　旋转后的因子载荷矩阵表

	因子			
	1	2	3	4
语言信号提示动作节奏	0.918	−0.006	0.038	−0.020
分析讲解正误动作区别	0.909	0.012	0.061	0.060
说明动作错误补充要求	0.896	0.018	0.010	−0.014
具体形象比喻动作错误	0.809	0.092	0.099	−0.027
使用语言强调动作关键	0.768	−0.047	0.028	0.256
分解动作进行指导纠正	−0.040	0.860	0.225	0.043
辅助手段进行指导纠正	−0.046	0.843	0.286	−0.060
附加条件进行指导纠正	0.041	0.813	0.116	−0.016
变换难度进行指导纠正	0.059	0.811	0.214	−0.034
使用教具进行指导纠正	0.053	0.764	0.292	−0.046
通过反馈进行指导纠正	0.087	0.262	0.923	0.039
采用评价进行指导纠正	0.080	0.316	0.921	0.012
利用表象进行指导纠正	0.052	0.241	0.901	0.013

	因子			
	1	2	3	4
使用想象进行指导纠正	0.036	0.270	0.864	−0.008
重复示范正确技术动作	0.069	−0.010	0.047	0.943
示范正误技术动作区别	0.081	−0.060	−0.011	0.935

（四）公共因子命名

基于旋转后的因子载荷矩阵情况，能够得到公共因子与原始指标之间的实际对应关系（表5-25）。

表5-25 公共因子和原始指标对应关系表

公共因子	F_1（23.484）	F_2（22.919）	F_3（22.214）	F_4（11.532）
原始指标	语言信号提示动作节奏	分解动作进行指导纠正	通过反馈进行指导纠正	重复示范正确技术动作
	分析讲解正误动作区别	辅助手段进行指导纠正	采用评价进行指导纠正	示范正误技术动作区别
	说明动作错误补充要求	附加条件进行指导纠正	利用表象进行指导纠正	
	具体形象比喻动作错误	变换难度进行指导纠正	使用想象进行指导纠正	
	使用语言强调动作关键	使用教具进行指导纠正		

根据指标与公共因子的对应关系，结合专家访谈的结果，分别将公共因子命名为学法示范、认知示范和错误示范（表5-26）。

表5-26 公共因子命名表

公共因子	原始指标	因子载荷
F_1 语言表达指导纠正	语言信号提示动作节奏	0.918
	分析讲解正误动作区别	0.909
	说明动作错误补充要求	0.896
	具体形象比喻动作错误	0.809
	使用语言强调动作关键	0.768

续表

公共因子	原始指标	因子载荷
F_2 改变条件指导纠正	分解动作进行指导纠正	0.860
	辅助手段进行指导纠正	0.843
	附加条件进行指导纠正	0.813
	变换难度进行指导纠正	0.811
	使用教具进行指导纠正	0.764
F_3 心理手段指导纠正	通过反馈进行指导纠正	0.923
	采用评价进行指导纠正	0.921
	利用表象进行指导纠正	0.901
	使用想象进行指导纠正	0.864
F_4 示范动作指导纠正	重复示范正确技术动作	0.943
	示范正误技术动作区别	0.935

四、"动作保护帮助"的测试结果

（一）信度、效度检验

1. 克朗巴哈系数

从"动作保护帮助"的克朗巴哈系数检验的结果可知，其整体 α 值为0.817，平均 α 值为0.814，两项 α 值都高于0.800，表示该组数据具有较高的可信度（表5-27）。

表5-27 克朗巴哈系数检验表

克朗巴哈系数	标准的克朗巴哈系数	项目个数
0.817	0.814	13

2. KMO检验及Bartlett's球形检验

从"动作保护帮助"的KMO检验及Bartlett's球形检验结果可见，数据KMO值为0.827，χ^2值为1 734.548（df=78，Sig.=0.000），达到了显著性水平，表明数据具有较好的效度（表5-28）。

表5-28　KMO和Bartlett's 球形检验表

KMO抽样适合性检验		0.827
Bartlett's球形检验	卡方值	1 734.548
	自由度（df）	78
	显著性（Sig.）	0.000

（二）公共因子提取

将特征值大于1的因子作为公共因子进行提取，共提取了三个公共因子，其特征值分别为3.965、3.830和2.228，解释方差贡献率分别为30.497%、29.462%和17.136%。四个公共因子的累计解释方差贡献率为77.095%，说明其对"动作保护帮助"的代表性较好（表5-29）。

表5-29　总体方差解释表

序号	初始特征值			提取平方和			旋转平方和		
	合计	方差（%）	累积（%）	合计	方差（%）	累积（%）	合计	方差（%）	累积（%）
1	4.330	33.304	33.304	4.330	33.304	33.304	3.965	30.497	30.497
2	3.501	26.932	60.236	3.501	26.932	60.236	3.830	29.462	59.959
3	2.192	16.859	77.095	2.192	16.859	77.095	2.228	17.136	77.095
4	0.537	4.128	81.224						
5	0.494	3.803	85.026						
6	0.386	2.971	87.998						
7	0.328	2.527	90.524						
8	0.303	2.333	92.857						
9	0.266	2.044	94.902						
10	0.219	1.682	96.583						
11	0.200	1.540	98.123						
12	0.135	1.036	99.159						
13	0.109	0.841	100.000						

根据"动作保护帮助"因子分析的碎石图，特征值从第四个因子开始逐渐平缓，而此特征值又小于1，应该予以舍去，一共提取三个公共因子较为合理（图5-4）。

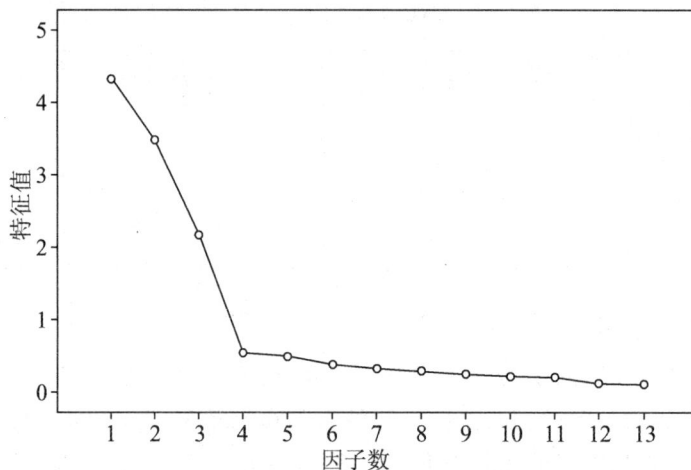

图5-4　因子分析碎石图

（三）因子载荷情况

采用方差最大化正交旋转法对原始载荷矩阵进行旋转，获得"动作保护帮助"旋转后的因子载荷结果（表5-30）。

表5-30　旋转后的因子载荷矩阵表

	因子		
	1	2	3
事故预先判断	0.924	0.032	0.011
保护位置变换	0.920	0.003	0.007
保护方法应用	0.899	0.076	−0.034
保护时间预计	0.867	0.013	0.052
保护时机选择	0.821	0.108	0.050
动作帮助目的	0.004	0.901	0.000
动作帮助效果	0.024	0.899	−0.010
动作帮助方法	−0.005	0.869	0.093
动作帮助手段	0.089	0.855	−0.004
动作帮助时机	0.118	0.833	0.080
拥有的责任感	0.047	−0.034	0.893
熟悉安全规定	0.062	0.073	0.855
具备安全对策	−0.042	0.070	0.823

（四）公共因子命名

由旋转后的因子载荷矩阵数据，结合归属关系整理出公共因子与原始指标间的对应关系（表5-31）。

表5-31　公共因子和原始指标对应关系表

公共因子	F_1（30.497）	F_2（29.462）	F_3（17.136）
原始指标	事故预先判断	动作帮助目的	拥有的责任感
	保护位置变换	动作帮助效果	熟悉安全规定
	保护方法应用	动作帮助方法	具备安全对策
	保护时间预计	动作帮助手段	
	保护时机选择	动作帮助时机	

按照指标与因子的对应关系，结合专家访谈建议，对公共因子进行命名，分别将公共因子命名为动作保护、动作帮助和基本素养（表5-32）。

表5-32　公共因子命名表

公共因子	原始指标	因子载荷
F_1 动作保护	事故预先判断	0.924
	保护位置变换	0.920
	保护方法应用	0.899
	保护时间预计	0.867
	保护时机选择	0.821
F_2 动作帮助	动作帮助目的	0.901
	动作帮助效果	0.899
	动作帮助方法	0.869
	动作帮助手段	0.855
	动作帮助时机	0.833
F_3 基本素养	拥有的责任感	0.893
	熟悉安全规定	0.855
	具备安全对策	0.823

五、"教学器材辅助"的测试结果

（一）信度、效度检验

1.克朗巴哈系数

"教学器材辅助"数据的克朗巴哈系数检验可知，其整体 α 值为0.845，平均 α 值为0.850，两项 α 值均在0.800以上，表明该组数据的可信度处于较高水平（表5-33）。

表5-33 克朗巴哈系数检验表

克朗巴哈系数	标准的克朗巴哈系数	项目个数
0.845	0.850	18

2.KMO检验及Bartlett's球形检验

"教学器材辅助"的KMO检验及Bartlett's球形检验结果表明，数据的KMO值为0.831，χ^2 值为3 851.123（df=153，Sig.=0.000），达到显著性水平，显示该组数据具有较高的效度（表5-34）。

表5-34 KMO和Bartlett's 球形检验表

KMO抽样适合性检验		0.831
Bartlett's球形检验	卡方值	3 851.123
	自由度（df）	153
	显著性（Sig.）	0.000

（二）公共因子提取

按特征值大于1提取公共因子，其累计方差贡献率达到81.442%，其特征值分别为3.771、3.743、3.675和3.471，解释方差贡献率分别为20.951%、20.795%、20.415%和19.281%。四个公共因子的累计解释方差贡献率达到80%，说明公共因子对"教学器材辅助"的代表性很强（表5-35）。

表5-35 总体方差解释表

序号	初始特征值			提取平方和			旋转平方和		
	合计	方差（%）	累积（%）	合计	方差（%）	累积（%）	合计	方差（%）	累积（%）
1	5.811	32.283	32.283	5.811	32.283	32.283	3.771	20.951	20.951
2	3.888	21.599	53.882	3.888	21.599	53.882	3.743	20.795	41.746
3	3.138	17.432	71.315	3.138	17.432	71.315	3.675	20.415	62.161
4	1.823	10.127	81.442	1.823	10.127	81.442	3.471	19.281	81.442

续表

序号	初始特征值			提取平方和			旋转平方和		
	合计	方差（%）	累积（%）	合计	方差（%）	累积（%）	合计	方差（%）	累积（%）
5	0.661	3.671	85.113						
6	0.512	2.847	87.960						
7	0.446	2.479	90.439						
8	0.321	1.782	92.221						
9	0.302	1.676	93.897						
10	0.266	1.480	95.377						
11	0.255	1.418	96.795						
12	0.216	1.198	97.993						
13	0.161	0.894	98.888						
14	0.057	0.315	99.203						
15	0.052	0.291	99.494						
16	0.043	0.240	99.734						
17	0.028	0.153	99.887						
18	0.020	0.113	100.000						

根据"教学器材辅助"因子分析的碎石图，特征值从第五个因子开始平坦下降，且其特征值较小、方差贡献率较低，因此，提取四个公共因子是合理的决定（图5-5）。

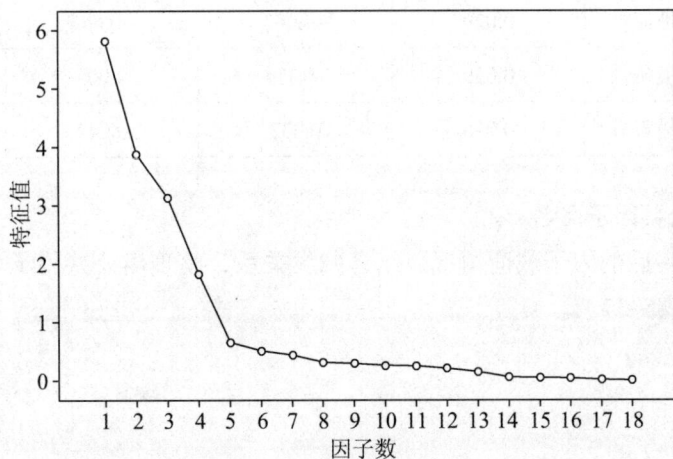

图5-5　因子分析碎石图

（三）因子载荷情况

选择方差最大化正交旋转法进行载荷矩阵的旋转，最终获得"教学器材辅助"的因子载荷结果（表5-36）。

表5-36　旋转后的因子载荷矩阵表

	因子			
	1	2	3	4
辅助目的是否明确	0.907	0.010	0.003	0.047
利于教学目标实现	0.892	0.110	0.083	0.013
照顾学生学习兴趣	0.879	0.107	0.110	−0.006
场地器材选择情况	0.874	−0.022	0.004	0.008
利于重点难点突破	0.746	0.019	0.109	0.110
符合教学内容需要	0.053	0.850	0.204	−0.128
发挥最大使用价值	0.069	0.849	0.130	−0.047
符合学生身心特点	0.050	0.833	0.167	−0.031
避免各种因素干扰	−0.034	0.805	0.276	0.026
符合安全规定要求	0.085	0.804	0.257	−0.082
能够制止违规行为	0.086	0.270	0.944	0.010
能够有效调度学生	0.097	0.240	0.942	0.013
能够警告不良行为	0.115	0.258	0.930	0.031
能够快速集合学生	0.038	0.247	0.878	0.008
发掘现有器材功能	0.071	−0.111	0.006	0.947
改造现有场地器材	0.029	−0.043	−0.005	0.931
利用自然环境条件	0.059	−0.114	0.005	0.930
自制开发简易教具	0.016	0.032	0.042	0.894

（四）公共因子命名

根据旋转后的因子载荷情况，结合归属关系，整理出公共因子与原始指标间的对应关系（表5-37）。

表5-37 公共因子和原始指标对应关系表

公共因子	F₁（20.951）	F₂（20.795）	F₃（20.415）	F₄（19.281）
原始指标	辅助目的是否明确	符合教学内容需要	能够制止违规行为	发掘现有器材功能
	利于教学目标实现	发挥最大使用价值	能够有效调度学生	改造现有场地器材
	照顾学生学习兴趣	符合学生身心特点	能够警告不良行为	利用自然环境条件
	场地器材选择情况	避免各种因素干扰	能够快速集合学生	自制开发简易教具
	利于重点难点突破	符合安全规定要求		

基于指标与公共因子的对应关系和专家访谈结果，最终分别将公共因子命名为总体设计安排、场地器材布置、口哨使用效果、教具制作开发（表5-38）。

表5-38 公共因子命名表

公共因子	原始指标	因子载荷
F₁ 总体设计安排	辅助目的是否明确	0.907
	利于教学目标实现	0.892
	照顾学生学习兴趣	0.879
	场地器材选择情况	0.874
	利于重点难点突破	0.746
F₂ 场地器材布置	符合教学内容需要	0.850
	发挥最大使用价值	0.849
	符合学生身心特点	0.833
	避免各种因素干扰	0.805
	符合安全规定要求	0.804
F₃ 口哨使用效果	能够制止违规行为	0.944
	能够有效调度学生	0.942
	能够警告不良行为	0.930
	能够快速集合学生	0.878
F₄ 教具制作开发	发掘现有器材功能	0.947
	改造现有场地器材	0.931
	利用自然环境条件	0.930
	自制开发简易教具	0.894

六、"教学媒体应用"的测试结果

（一）信度、效度检验

1. 克朗巴哈系数

"教学媒体应用"的克朗巴哈系数检验的结果表明，其整体 α 值为0.853，平均 α 值为0.849，两项 α 值均大于0.800，显示该组数据具有较高的可信度（表5-39）。

表5-39　克朗巴哈系数检验表

克朗巴哈系数	标准的克朗巴哈系数	项目个数
0.853	0.849	20

2. KMO检验及Bartlett's球形检验

对"教学媒体应用"进行KMO检验及Bartlett's球形检验，结果显示KMO值为0.782，χ^2 值为3 348.820（df=190，Sig.=0.000），达到了显著性水平，表明该组数据的效度较高（表5-40）。

表5-40　KMO和Bartlett's球形检验表

KMO抽样适合性检验		0.782
Bartlett's球形检验	卡方值	3 348.820
	自由度（df）	190
	显著性（Sig.）	0.000

（二）公共因子提取

将特征值大于1的因子提取为公共因子，共提取四个，累计方差贡献率达73.429%，特征值分别为5.836、3.191、3.005和2.655，解释方差贡献率分别为29.178%、15.953%、15.024%和13.274%。公共因子的累计解释方差贡献率达到70%以上，说明对"教学媒体应用"代表性很好（表5-41）。

表5-41　总体方差解释表

序号	初始特征值			提取平方和			旋转平方和		
	合计	方差（%）	累积（%）	合计	方差（%）	累积（%）	合计	方差（%）	累积（%）
1	6.027	30.136	30.136	6.027	30.136	30.136	5.836	29.178	29.178
2	3.759	18.793	48.929	3.759	18.793	48.929	3.191	15.953	45.131
3	2.759	13.796	62.724	2.759	13.796	62.724	3.005	15.024	60.155
4	2.141	10.705	73.429	2.141	10.705	73.429	2.655	13.274	73.429

序号	初始特征值			提取平方和			旋转平方和		
	合计	方差（%）	累积（%）	合计	方差（%）	累积（%）	合计	方差（%）	累积（%）
5	0.991	4.957	78.386						
6	0.781	3.907	82.293						
7	0.663	3.314	85.607						
8	0.647	3.236	88.843						
9	0.445	2.227	91.070						
10	0.317	1.587	92.657						
11	0.282	1.410	94.068						
12	0.256	1.278	95.345						
13	0.241	1.207	96.552						
14	0.171	0.854	97.406						
15	0.150	0.751	98.158						
16	0.104	0.519	98.677						
17	0.082	0.412	99.089						
18	0.071	0.355	99.444						
19	0.064	0.319	99.763						
20	0.047	0.237	100.000						

　　由因子分析的碎石图可以看出，从第五个因子特征值开始平坦下降，而此因子的方差贡献率较低，因此予以除去，最终提取四个公共因子较为合理（图5-6）。

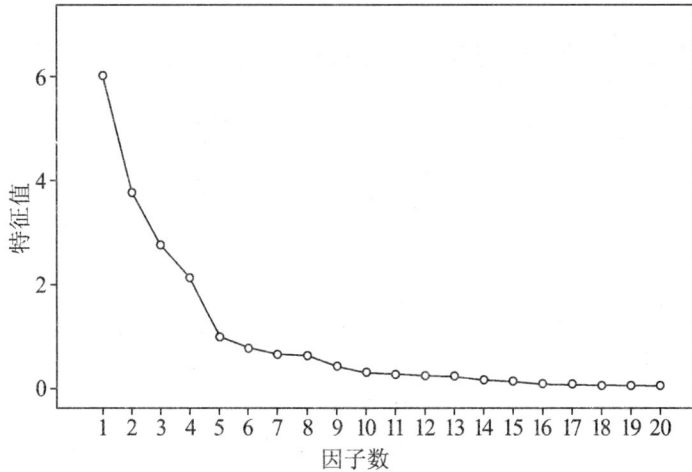

图5-6　因子分析碎石图

（三）因子载荷情况

选择应用方差最大化正交法对因子载荷矩阵进行旋转，获得"教学媒体应用"因子分析的因子载荷的具体情况（表5-42）。

表5-42　旋转后的因子载荷矩阵表

	因子			
	1	2	3	4
教学目标明确程度	0.859	0.016	0.096	0.064
突出学生主体程度	0.845	0.010	0.088	0.050
注重全面发展程度	0.808	0.027	0.106	0.048
方法运用合适程度	0.803	−0.068	0.007	0.142
教学策略灵活程度	0.795	−0.018	0.074	0.058
媒体选择恰当程度	0.794	−0.060	−0.085	0.111
资料结构完整程度	0.786	0.009	−0.033	−0.058
技术应用合理程度	0.765	0.043	0.051	0.064
构思新颖实用程度	0.760	0.042	−0.007	−0.053
学生欢迎喜欢程度	−0.001	0.904	0.071	−0.026
完成教学任务程度	0.036	0.899	0.123	0.006
辅助效果良好程度	−0.064	0.867	0.036	0.001
达到预定目标程度	0.035	0.839	0.148	−0.024
具有学科特色程度	0.021	−0.022	0.878	0.103

	因子			
	1	2	3	4
内容科学准确程度	0.068	0.018	0.864	0.133
选题适合规范程度	−0.002	0.260	0.837	0.012
符合教学要求程度	0.093	0.165	0.815	−0.037
内容效果稳定程度	0.094	0.000	0.137	0.950
符合技术规范程度	0.114	−0.015	0.116	0.923
视频图像清晰程度	0.043	−0.023	−0.042	0.902

（四）公共因子命名

根据旋转后的因子载荷矩阵的数据情况，得到因子与指标之间的对应关系（表5-43）。

表5-43 公共因子和原始指标对应关系表

公共因子	F_1（29.178）	F_2（15.953）	F_3（15.024）	F_4（13.274）
原始指标	教学目标明确程度	学生欢迎喜欢程度	具有学科特色程度	内容效果稳定程度
	突出学生主体程度	完成教学任务程度	内容科学准确程度	符合技术规范程度
	注重全面发展程度	辅助效果良好程度	选题适合规范程度	视频图像清晰程度
	方法运用合适程度	达到预定目标程度	符合教学要求程度	
	教学策略灵活程度			
	媒体选择恰当程度			
	资料结构完整程度			
	技术应用合理程度			
	构思新颖实用程度			

按照公共因子与指标的对应关系，结合专家访谈建议，分别将公共因子命名为媒体设计安排、使用效果评价、主题内容选择、技术规范要求（表5-44）。

表5-44　公共因子命名表

公共因子	原始指标	因子载荷
F₁ 媒体设计安排	教学目标明确程度	0.859
	突出学生主体程度	0.845
	注重全面发展程度	0.808
	方法运用合适程度	0.803
	教学策略灵活程度	0.795
	媒体选择恰当程度	0.794
	资料结构完整程度	0.786
	技术应用合理程度	0.765
	构思新颖实用程度	0.760
F₂ 使用效果评价	学生欢迎喜欢程度	0.904
	完成教学任务程度	0.899
	辅助效果良好程度	0.867
	达到预定目标程度	0.839
F₃ 主题内容选择	具有学科特色程度	0.878
	内容科学准确程度	0.864
	选题适合规范程度	0.837
	符合教学要求程度	0.815
F₄ 技术规范要求	内容效果稳定程度	0.950
	符合技术规范程度	0.923
	视频图像清晰程度	0.902

七、"运动负荷调控"的测试结果

（一）信度、效度检验

1.克朗巴哈系数

"运动负荷调控"数据的克朗巴哈系数检验的结果表明，其整体 α 值为0.759，平均 α 值为0.761，两项 α 值均在0.700以上，显示该组数据的信度尚可（表5-45）。

表5-45　克朗巴哈系数检验表

克朗巴哈系数	标准的克朗巴哈系数	项目个数
0.759	0.761	11

2. KMO检验及Bartlett's球形检验

由"运动负荷调控"的KMO检验及Bartlett's球形检验结果可知，KMO值为0.732，χ^2值为1 200.286（df=55，Sig.=0.000），达到了显著性水平，说明数据的效度较好（表5-46）。

表5-46　KMO和Bartlett's 球形检验表

KMO抽样适合性检验		0.732
Bartlett's球形检验	卡方值	1 200.286
	自由度（df）	55
	显著性（Sig.）	0.000

（二）公共因子提取

共提取特征值大于1的四个公共因子，其累计方差贡献率达到83.480%，特征值分别为2.562、2.540、2.453和1.629，解释方差贡献率分别为23.289%、23.087%、22.296%和14.809%。四个公共因子的累计解释方差贡献率在80%以上，显示数据对"运动负荷调控"的代表性较好（表5-47）。

表5-47　总体方差解释表

序号	初始特征值			提取平方和			旋转平方和		
	合计	方差（%）	累积（%）	合计	方差（%）	累积（%）	合计	方差（%）	累积（%）
1	3.486	31.693	31.693	3.486	31.693	31.693	2.562	23.289	23.289
2	2.374	21.583	53.276	2.374	21.583	53.276	2.540	23.087	46.376
3	1.898	17.257	70.534	1.898	17.257	70.534	2.453	22.296	68.672
4	1.424	12.947	83.480	1.424	12.947	83.480	1.629	14.809	83.480
5	0.416	3.785	87.265						
6	0.344	3.129	90.395						
7	0.278	2.528	92.923						
8	0.251	2.284	95.207						
9	0.198	1.804	97.011						

序号	初始特征值			提取平方和			旋转平方和		
	合计	方差（%）	累积（%）	合计	方差（%）	累积（%）	合计	方差（%）	累积（%）
10	0.167	1.516	98.527						
11	0.162	1.473	100.000						

从"运动负荷调控"因子分析碎石图可见，特征值从第五个因子开始平坦下滑，而这个因子的特征值小于1，方差贡献率较低，因此应该舍去，提取四个公共因子较为合适（图5-7）。

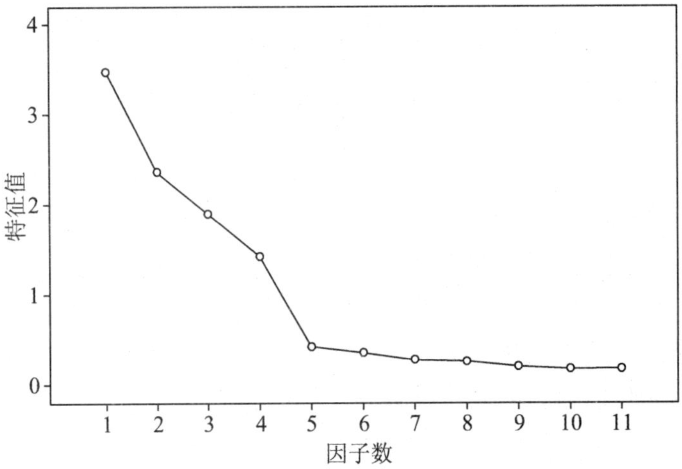

图5-7　因子分析碎石图

（三）因子载荷情况

选择方差最大化正交旋转法对因子载荷矩阵进行旋转，得到"运动负荷调控"的因子载荷具体情况（表5-48）。

表5-48　旋转后的因子载荷矩阵表

	因子			
	1	2	3	4
控制适宜程度	0.922	0.021	0.098	−0.031
控制合理程度	0.914	0.059	0.146	−0.007
控制有效程度	0.903	0.047	0.108	0.069
调控时机把握	0.115	0.924	0.100	0.017

	因子			
	1	2	3	4
调控方法应用	0.036	0.917	0.122	0.065
调控过程设置	−0.020	0.892	0.054	0.124
调整内容选择	0.080	0.141	0.920	0.002
调整方式运用	0.127	0.096	0.895	−0.029
调整顺序安排	0.140	0.040	0.856	−0.048
运动疲劳判定	0.061	0.087	−0.030	0.895
心率水平预计	−0.034	0.079	−0.034	0.894

（四）公共因子命名

根据旋转后的因子载荷矩阵的实际情况，整理出公共因子与原始指标间的对应关系（表5-49）。

表5-49 公共因子和原始指标对应关系表

公共因子	F_1（23.289）	F_2（23.087）	F_3（22.296）	F_4（14.809）
原始指标	控制适宜程度	调控时机把握	调整内容选择	运动疲劳判定
	控制合理程度	调控方法应用	调整方式运用	心率水平预计
	控制有效程度	调控过程设置	调整顺序安排	

根据公共因子与指标的对应关系，结合专家观点，分别将公共因子命名为负荷控制结果、运动强度调控、练习密度调整、负荷控制预判（表5-50）。

表5-50 公共因子命名表

公共因子	原始指标	因子载荷
F_1 负荷控制结果	控制适宜程度	0.922
	控制合理程度	0.914
	控制有效程度	0.903
F_2 运动强度调控	调控时机把握	0.924
	调控方法应用	0.917
	调控过程设置	0.892

公共因子	原始指标	因子载荷
F₃ 练习密度调整	调整内容选择	0.920
	调整方式运用	0.895
	调整顺序安排	0.856
F₄ 负荷控制预判	运动疲劳判定	0.895
	心率水平预计	0.894

第三节　体育课堂教学核心技能评价指标体系的构建

体育课堂教学核心技能评价指标体系的构建是在对体育课堂核心技能评价指标的获得和权重确定的基础上，将评价的一级指标、二级指标、三级指标进行组合、分配、统一的过程。

一、体育课堂教学核心技能评价指标的获得

经过统计分析处理后，得到体育课堂教学核心技能评价的七个维度的相关指标（表5-51~表5-57）。

表5-51　"教学内容讲解"指标统计表

一级指标	二级指标	三级指标
教学内容讲解	讲解内容设计	讲解内容选择
		讲解内容难点
		讲解内容顺序
		讲解内容逻辑
		讲解内容结构
		讲解内容层次
		讲解内容重点

一级指标	二级指标	三级指标
教学内容讲解	讲解语言表达	讲解技术术语
		讲解语言发音
		讲解动作要领
		讲解语句连贯
		讲解词汇使用
		讲解速度节奏

表5-52　"技术动作示范"指标统计表

一级指标	二级指标	三级指标
技术动作示范	学法示范	动作讲解配合
		动作难点重点
		动作安全事项
		动作关键要领
		距离位置方向
		动作发力顺序
		动作力度节奏
		动作位置幅度
	认知示范	目的明确程度
		规格完整程度
		表现优美程度
		协调流畅程度
	错误示范	错误夸张展示
		错误特征表现
		错误示范细节

表5-53 "动作指导纠正"指标统计表

一级指标	二级指标	三级指标
动作指导纠正	语言表达指导纠正	语言信号提示动作节奏
		分析讲解正误动作区别
		说明动作错误补充要求
		具体形象比喻动作错误
		使用语言强调动作关键
	改变条件指导纠正	分解动作进行指导纠正
		辅助手段进行指导纠正
		附加条件进行指导纠正
		变换难度进行指导纠正
		使用教具进行指导纠正
	心理手段指导纠正	通过反馈进行指导纠正
		采用评价进行指导纠正
		利用表象进行指导纠正
		使用想象进行指导纠正
	示范动作指导纠正	重复示范正确技术动作
		示范正误技术动作区别

表5-54 "动作保护帮助"指标统计表

一级指标	二级指标	三级指标
动作保护帮助	动作保护	事故预先判断
		保护位置变换
		保护方法应用
		保护时间预计
		保护时机选择
	动作帮助	动作帮助目的
		动作帮助效果
		动作帮助方法
		动作帮助手段
		动作帮助时机

续表

一级指标	二级指标	三级指标
动作保护帮助	基本素养	拥有的责任感
		熟悉安全规定
		具备安全对策

表5–55　"教学器材辅助"指标统计表

一级指标	二级指标	三级指标
教学器材辅助	总体设计安排	辅助目的是否明确
		利于教学目标实现
		照顾学生学习兴趣
		场地器材选择情况
		利于重点难点突破
	场地器材布置	符合教学内容需要
		发挥最大使用价值
		符合学生身心特点
		避免各种因素干扰
		符合安全规定要求
	口哨使用效果	能够制止违规行为
		能够有效调度学生
		能够警告不良行为
		能够快速集合学生
	教具制作开发	发掘现有器材功能
		改造现有场地器材
		利用自然环境条件
		自制开发简易教具

表5-56 "教学媒体应用"指标统计表

一级指标	二级指标	三级指标
教学媒体应用	媒体设计安排	教学目标明确程度
		突出学生主体程度
		注重全面发展程度
		方法运用合适程度
		教学策略灵活程度
		媒体选择恰当程度
		资料结构完整程度
		技术应用合理程度
		构思新颖实用程度
	使用效果评价	欢迎程度较高程度
		完成教学任务程度
		辅助效果良好程度
		达到预定目标程度
	主题内容选择	具有学科特色程度
		内容科学准确程度
		选题适合规范程度
		符合教学要求程度
	技术规范要求	内容效果稳定程度
		符合技术规范程度
		视频图像清晰程度

表5-57 "运动负荷调控"指标统计表

一级指标	二级指标	三级指标
运动负荷调控	负荷控制结果	控制适宜程度
		控制合理程度
		控制有效程度
	运动强度调控	调控时机把握
		调控方法应用

续表

一级指标	二级指标	三级指标
运动负荷调控	运动强度调控	调控过程设置
	练习密度调整	调整内容选择
		调整方式运用
		调整顺序安排
	负荷控制预判	运动疲劳判定
		心率水平预计

二、体育课堂教学核心技能评价权重的确定

体育课堂教学核心技能评价权重的确定是对各级指标权重进行计算重新分配的过程，权重客观合理对教学评价有着决定性影响。

（一）一级指标权重的计算

应用举证对偶法对"体育课堂教学核心技能"评价的7个指标对专家进行调查，共获得有效调查问卷14份，然后将问卷中每个指标数据进行归一化处理获得每位专家的赋权数值，最后求全部专家赋权数值的平均数即得到"体育课堂教学核心技能"一级指标的权重（表5-58）。

表5-58 "体育课堂教学核心技能"一级指标权重统计表

评价对象	一级指标	权重
体育课堂教学核心技能	教学内容讲解	0.159
	技术动作示范	0.166
	动作指导纠正	0.153
	动作保护帮助	0.142
	教学器材辅助	0.128
	教学媒体应用	0.097
	运动负荷调控	0.155

（二）二级指标权重的计算

1. "教学内容讲解"二级指标权重的计算

将"教学内容讲解"因子分析中提取的公共因子作为二级指标，对其解释方差比例进行归一化处理，获得二级指标的权重（表5-59）。

表5-59 "教学内容讲解"二级指标权重统计表

一级指标	二级指标	解释方差比例	权重
教学内容讲解	讲解内容设计	38.353	0.548
	讲解语言表达	31.64	0.452

2. "技术动作示范"二级指标权重的计算

把"技术动作示范"因子分析中提取的公共因子作为二级指标，对其解释方差比例进行归一化处理，获得二级指标的权重（表5-60）。

表5-60 "技术动作示范"二级指标权重统计表

一级指标	二级指标	解释方差比例	权重
技术动作示范	学法示范	33.364	0.459
	认知示范	20.876	0.287
	错误示范	18.391	0.253

3. "动作指导纠正"二级指标权重的计算

将"动作指导纠正"因子分析提取的公共因子作为二级指标，对其解释方差比例进行归一化处理，获得二级指标的权重（表5-61）。

表5-61 "动作指导纠正"二级指标权重统计表

一级指标	二级指标	解释方差比例	权重
动作指导纠正	语言表达指导纠正	23.484	0.293
	改变条件指导纠正	22.919	0.286
	心理手段指导纠正	22.214	0.277
	示范动作指导纠正	11.532	0.144

4. "动作保护帮助"二级指标权重的计算

把"动作保护帮助"因子分析中提取的公共因子作为二级指标，对其解释方差比例进行归一化处理，获得二级指标的权重（表5-62）。

表5-62 "动作保护帮助"二级指标权重统计表

一级指标	二级指标	解释方差比例	权重
动作保护帮助	动作保护	30.497	0.396
	动作帮助	29.462	0.382
	基本素养	17.136	0.222

5. "教学器材辅助"二级指标权重的计算

将"教学器材辅助"因子分析提取的公共因子作为二级指标,对其解释方差比例进行归一化处理,获得二级指标的权重(表5-63)。

表5-63 "教学器材辅助"二级指标权重统计表

一级指标	二级指标	解释方差比例	权重
教学器材辅助	总体设计安排	20.951	0.257
	场地器材布置	20.795	0.255
	口哨使用效果	20.415	0.251
	教具制作开发	19.281	0.237

6. "教学媒体应用"二级指标权重的计算

将"教学媒体应用"因子分析中提取的公共因子作为二级指标,对其解释方差比例进行归一化处理,获得二级指标的权重(表5-64)。

表5-64 "教学媒体应用"二级指标权重统计表

一级指标	二级指标	解释方差比例	权重
教学媒体应用	媒体设计安排	29.178	0.397
	使用效果评价	15.953	0.217
	主题内容选择	15.024	0.205
	技术规范要求	13.274	0.181

7. "运动负荷调控"二级指标权重的计算

把"运动负荷调控"因子分析提取的公共因子作为二级指标,对其解释方差比例进行归一化处理,获得二级指标权重(表5-65)。

表5-65 "运动负荷调控"二级指标权重统计表

一级指标	二级指标	解释方差比例	权重
运动负荷调控	负荷控制结果	23.289	0.279
	运动强度调控	23.087	0.277
	练习密度调整	22.296	0.267
	负荷控制预判	14.809	0.177

(三)三级指标权重的计算

1. "教学内容讲解"三级指标权重的计算

根据"教学内容讲解"的因子载荷数据结果,对因子载荷数据进行归一化处理，再将公共因子权重和对应的载荷归一化值的乘积相加，即获得"教学内容讲解"三级指标的权重（表5-66）。

表5-66 "教学内容讲解"三级指标权重统计表

三级指标	F₁	F₂	权重
讲解内容选择	0.140	0.007	0.080
讲解内容难点	0.139	0.012	0.082
讲解内容顺序	0.136	0.014	0.080
讲解内容逻辑	0.134	0.025	0.085
讲解内容结构	0.134	0.006	0.076
讲解内容层次	0.133	0.013	0.079
讲解内容重点	0.133	0.025	0.084
讲解技术术语	0.008	0.154	0.074
讲解语言发音	0.007	0.151	0.072
讲解动作要领	0.023	0.150	0.081
讲解语句连贯	0.001	0.149	0.068
讲解词汇使用	0.011	0.148	0.073
讲解速度节奏	0.001	0.146	0.067

2. "技术动作示范"三级指标权重的计算

根据"技术动作示范"的因子载荷数据结果，对因子载荷数据进行归一化处理，再将公共因子权重和对应的载荷归一化值的乘积相加，即获得"技术动作示范"三级指标的权重（表5-67）。

表5-67 "技术动作示范"三级指标权重统计表

三级指标	F₁	F₂	F₃	权重
动作讲解配合	0.125	0.014	0.004	0.062
动作难点重点	0.124	0.005	0.041	0.069
动作安全事项	0.123	0.016	0.021	0.066
动作关键要领	0.119	0.013	0.029	0.066
距离位置方向	0.117	0.003	0.010	0.057
动作发力顺序	0.115	0.002	0.027	0.060
动作力度节奏	0.113	0.014	0.004	0.057

三级指标	F_1	F_2	F_3	权重
动作位置幅度	0.112	0.012	0.004	0.056
目的明确程度	0.008	0.223	0.020	0.073
规格完整程度	0.014	0.216	0.016	0.073
表现优美程度	0.005	0.211	0.009	0.065
协调流畅程度	0.009	0.210	0.026	0.071
错误夸张展示	0.005	0.013	0.266	0.073
错误特征表现	0.009	0.011	0.264	0.074
错误示范细节	0.003	0.036	0.258	0.077

3."动作指导纠正"三级指标权重的计算

根据"动作指导纠正"的因子载荷数据结果，对因子载荷数据进行归一化处理，再将公共因子权重和对应的载荷归一化值的乘积相加，即获得"动作指导纠正"三级指标的权重（表5-68）。

表5-68　"动作指导纠正"三级指标权重统计表

三级指标	F_1	F_2	F_3	F_4	权重
语言信号提示动作节奏	0.186	0.001	0.008	0.008	0.058
分析讲解正误动作区别	0.184	0.002	0.012	0.024	0.061
说明动作错误补充要求	0.181	0.003	0.002	0.006	0.055
具体形象比喻动作错误	0.164	0.017	0.020	0.011	0.060
使用语言强调动作关键	0.155	0.009	0.006	0.101	0.064
分解动作进行指导纠正	0.008	0.159	0.045	0.017	0.063
辅助手段进行指导纠正	0.009	0.155	0.057	0.024	0.066
附加条件进行指导纠正	0.008	0.150	0.023	0.006	0.053
变换难度进行指导纠正	0.012	0.149	0.042	0.013	0.060
使用教具进行指导纠正	0.011	0.141	0.058	0.018	0.062
通过反馈进行指导纠正	0.018	0.048	0.183	0.015	0.072
采用评价进行指导纠正	0.016	0.058	0.183	0.005	0.073
利用表象进行指导纠正	0.011	0.044	0.179	0.005	0.066
使用想象进行指导纠正	0.007	0.050	0.172	0.003	0.064

三级指标	F_1	F_2	F_3	F_4	权重
重复示范正确技术动作	0.014	0.002	0.009	0.373	0.061
示范正误技术动作区别	0.016	0.011	0.002	0.370	0.062

4. "动作保护帮助"三级指标权重的计算

根据"动作保护帮助"的因子载荷数据结果，对因子载荷数据进行归一化处理，再将公共因子权重和对应的载荷归一化值的乘积相加，即获得"动作保护帮助"三级指标的权重（表5-69）。

表5-69　"动作保护帮助"三级指标权重统计表

三级指标	F_1	F_2	F_3	权重
事故预先判断	0.192	0.007	0.004	0.079
保护位置变换	0.191	0.001	0.002	0.076
保护方法应用	0.186	0.016	0.012	0.083
保护时间预计	0.180	0.003	0.018	0.076
保护时机选择	0.170	0.023	0.017	0.080
动作帮助目的	0.001	0.189	0.000	0.073
动作帮助效果	0.005	0.189	0.003	0.075
动作帮助方法	0.001	0.182	0.032	0.077
动作帮助手段	0.018	0.179	0.001	0.076
动作帮助时机	0.024	0.175	0.027	0.083
拥有的责任感	0.010	0.007	0.307	0.075
熟悉安全规定	0.013	0.015	0.294	0.076
具备安全对策	0.009	0.015	0.283	0.072

5. "教学器材辅助"三级指标权重的计算

根据"教学器材辅助"的因子载荷数据结果，对因子载荷数据进行归一化处理，再将公共因子权重和对应的载荷归一化值的乘积相加，即获得"教学器材辅助"三级指标的权重（表5-70）。

表5-70 "教学器材辅助"三级指标权重统计表

三级指标	F_1	F_2	F_3	F_4	权重
辅助目的是否明确	0.178	0.002	0.001	0.011	0.049
利于教学目标实现	0.175	0.019	0.016	0.003	0.055
照顾学生学习兴趣	0.172	0.019	0.022	0.001	0.055
场地器材选择情况	0.171	0.004	0.001	0.002	0.046
利于重点难点突破	0.146	0.003	0.021	0.026	0.050
符合教学内容需要	0.010	0.148	0.040	0.030	0.058
发挥最大使用价值	0.014	0.148	0.026	0.011	0.050
符合学生身心特点	0.010	0.146	0.033	0.007	0.050
避免各种因素干扰	0.007	0.141	0.054	0.006	0.053
符合安全规定要求	0.017	0.140	0.050	0.019	0.057
能够制止违规行为	0.017	0.047	0.185	0.002	0.063
能够有效调度学生	0.019	0.042	0.185	0.003	0.063
能够警告不良行为	0.023	0.045	0.183	0.007	0.065
能够快速集合学生	0.007	0.043	0.172	0.002	0.057
发掘现有器材功能	0.014	0.019	0.001	0.222	0.061
改造现有场地器材	0.006	0.008	0.001	0.218	0.055
利用自然环境条件	0.012	0.020	0.001	0.218	0.060
自制开发简易教具	0.003	0.006	0.008	0.210	0.054

6．"教学媒体应用"三级指标权重的计算

根据"教学媒体应用"的因子载荷数据结果，对因子载荷数据进行归一化处理，再将公共因子权重和对应的载荷归一化值的乘积相加，即获得"教学媒体应用"三级指标的权重（表5-71）。

表5-71 "教学媒体应用"三级指标权重统计表

三级指标	F_1	F_2	F_3	F_4	权重
教学目标明确程度	0.110	0.004	0.021	0.017	0.052
突出学生主体程度	0.109	0.002	0.019	0.013	0.050
注重全面发展程度	0.104	0.006	0.023	0.013	0.050
方法运用合适程度	0.103	0.016	0.002	0.038	0.052

三级指标	F_1	F_2	F_3	F_4	权重
教学策略灵活程度	0.102	0.004	0.016	0.015	0.048
媒体选择恰当程度	0.102	0.014	0.018	0.029	0.053
资料结构完整程度	0.101	0.002	0.007	0.015	0.045
技术应用合理程度	0.098	0.010	0.011	0.017	0.047
构思新颖实用程度	0.098	0.010	0.002	0.014	0.044
欢迎程度较高程度	0.000	0.210	0.015	0.007	0.050
完成教学任务程度	0.005	0.209	0.027	0.002	0.053
辅助效果良好程度	0.008	0.201	0.008	0.000	0.049
达到预定目标程度	0.004	0.195	0.032	0.006	0.052
具有学科特色程度	0.003	0.005	0.190	0.027	0.046
内容科学准确程度	0.009	0.004	0.187	0.035	0.049
选题适合规范程度	0.000	0.060	0.181	0.003	0.051
符合教学要求程度	0.012	0.038	0.177	0.010	0.051
内容效果稳定程度	0.012	0.000	0.030	0.252	0.057
符合技术规范程度	0.015	0.003	0.025	0.245	0.056
视频图像清晰程度	0.006	0.005	0.009	0.240	0.049

7. "运动负荷调控"三级指标权重的计算

根据"运动负荷调控"的因子载荷数据结果，对因子载荷数据进行归一化处理，再将公共因子权重和对应的载荷归一化值的乘积相加，即获得"运动负荷调控"三级指标的权重（表5-72）。

表5-72　"运动负荷调控"三级指标权重统计表

三级指标	F_1	F_2	F_3	F_4	权重
控制适宜程度	0.275	0.006	0.029	0.014	0.089
控制合理程度	0.273	0.018	0.043	0.003	0.093
控制有效程度	0.269	0.014	0.032	0.032	0.093
调控时机把握	0.034	0.280	0.030	0.008	0.096
调控方法应用	0.011	0.278	0.036	0.030	0.095
调控过程设置	0.006	0.270	0.016	0.057	0.091

三级指标	F_1	F_2	F_3	F_4	权重
调整内容选择	0.024	0.043	0.274	0.001	0.092
调整方式运用	0.038	0.029	0.266	0.013	0.092
调整顺序安排	0.042	0.012	0.255	0.022	0.087
运动疲劳判定	0.018	0.026	0.009	0.410	0.087
心率水平预计	0.010	0.024	0.010	0.410	0.085

三、体育课堂教学核心技能评价指标体系的构建

根据上述一级指标、二级指标和三级指标权重的结果，将权重合并归一，最终构建体育课堂教学核心技能评价指标体系（表5–73）。

表5–73 体育课堂教学核心技能评价指标体系

一级指标	权重	二级指标	权重	三级指标	权重
教学内容讲解	0.159	讲解内容设计	0.078	讲解内容选择	0.019 0
				讲解内容难点	0.019 5
				讲解内容顺序	0.019 0
				讲解内容逻辑	0.020 2
				讲解内容结构	0.018 1
				讲解内容层次	0.018 8
				讲解内容重点	0.020 0
		讲解语言表达	0.065	讲解技术术语	0.014 7
				讲解语言发音	0.014 3
				讲解动作要领	0.016 1
				讲解语句连贯	0.013 5
				讲解词汇使用	0.014 5
				讲解速度节奏	0.013 3

一级指标	权重	二级指标	权重	三级指标	权重
技术动作示范	0.166	学法示范	0.066	动作讲解配合	0.012 5
				动作难点重点	0.013 9
				动作安全事项	0.013 3
				动作关键要领	0.013 3
				距离位置方向	0.011 5
				动作发力顺序	0.012 1
				动作力度节奏	0.011 5
				动作位置幅度	0.011 3
		认知示范	0.041	目的明确程度	0.009 1
				规格完整程度	0.009 1
				表现优美程度	0.008 1
				协调流畅程度	0.008 9
		错误示范	0.036	错误夸张展示	0.008 0
				错误特征表现	0.008 1
				错误示范细节	0.008 5
动作指导纠正	0.153	语言表达指导纠正	0.042	语言信号提示动作节奏	0.007 4
				分析讲解正误动作区别	0.007 8
				说明动作错误补充要求	0.007 0
				具体形象比喻动作错误	0.007 7
				使用语言强调动作关键	0.008 2
		改变条件指导纠正	0.041	分解动作进行指导纠正	0.007 9
				辅助手段进行指导纠正	0.008 3
				附加条件进行指导纠正	0.006 6
				变换难度进行指导纠正	0.007 5
				使用教具进行指导纠正	0.007 8

一级指标	权重	二级指标	权重	三级指标	权重
动作指导纠正	0.153	心理手段指导纠正	0.040	通过反馈进行指导纠正	0.008 8
				采用评价进行指导纠正	0.008 9
				利用表象进行指导纠正	0.008 0
				使用想象进行指导纠正	0.007 8
		示范动作指导纠正	0.021	重复示范正确技术动作	0.003 9
				示范正误技术动作区别	0.004 0
动作保护帮助	0.142	动作保护	0.057	事故预先判断	0.013 7
				保护位置变换	0.013 2
				保护方法应用	0.014 4
				保护时间预计	0.013 2
				保护时机选择	0.013 9
		动作帮助	0.055	动作帮助目的	0.012 2
				动作帮助效果	0.012 6
				动作帮助方法	0.012 9
				动作帮助手段	0.012 7
				动作帮助时机	0.013 9
		基本素养	0.032	拥有的责任感	0.007 3
				熟悉安全规定	0.007 4
				具备安全对策	0.007 0
教学器材辅助	0.128	总体设计安排	0.037	辅助目的是否明确	0.005 5
				利于教学目标实现	0.006 2
				照顾学生学习兴趣	0.006 2
				场地器材选择情况	0.005 2
				利于重点难点突破	0.005 6

一级指标	权重	二级指标	权重	三级指标	权重
教学器材辅助	0.128	场地器材布置	0.036	符合教学内容需要	0.006 4
				发挥最大使用价值	0.005 5
				符合学生身心特点	0.005 5
				避免各种因素干扰	0.005 8
				符合安全规定要求	0.006 3
		口哨使用效果	0.036	能够制止违规行为	0.006 9
				能够有效调度学生	0.006 9
				能够警告不良行为	0.007 1
				能够快速集合学生	0.006 3
		教具制作开发	0.034	发掘现有器材功能	0.006 3
				改造现有场地器材	0.005 7
				利用自然环境条件	0.006 2
				自制开发简易教具	0.005 6
教学媒体应用	0.097	媒体设计安排	0.057	教学目标明确程度	0.009 0
				突出学生主体程度	0.008 7
				注重全面发展程度	0.008 7
				方法运用合适程度	0.009 0
				教学策略灵活程度	0.008 3
				媒体选择恰当程度	0.009 2
				资料结构完整程度	0.007 8
				技术应用合理程度	0.008 2
				构思新颖实用程度	0.007 6
		使用效果评价	0.031	欢迎程度较高程度	0.004 7
				完成教学任务程度	0.005 0
				辅助效果良好程度	0.004 6
				达到预定目标程度	0.004 9

续表

一级指标	权重	二级指标	权重	三级指标	权重
教学媒体应用	0.097	主题内容选择	0.029	具有学科特色程度	0.004 1
				内容科学准确程度	0.004 3
				选题适合规范程度	0.004 5
				符合教学要求程度	0.004 5
		技术规范要求	0.026	内容效果稳定程度	0.004 5
				符合技术规范程度	0.004 4
				视频图像清晰程度	0.003 9
运动负荷调控	0.155	负荷控制结果	0.040	控制适宜程度	0.010 9
				控制合理程度	0.011 3
				控制有效程度	0.011 3
		运动强度调控	0.040	调控时机把握	0.011 7
				调控方法应用	0.011 6
				调控过程设置	0.011 1
		练习密度调整	0.038	调整内容选择	0.010 7
				调整方式运用	0.010 7
				调整顺序安排	0.010 1
		负荷控制预判	0.025	运动疲劳判定	0.006 6
				心率水平预计	0.006 5

第六章
体育课堂教学拓展技能评价

第一节　体育课堂教学拓展技能评价指标的获得

体育课堂教学拓展技能是体育课堂教学技能的重要组成部分，是对体育课堂教学核心技能的补充。体育教师只有具备良好的课堂教学拓展技能才能在体育教学中游刃有余，达到事半功倍的效果。

应用访谈法对中学教学管理人员、体育教师等进行调查，整理出语词后，依据频数进行排序。然后根据已有研究成果和专家咨询意见，对其进行剔除、修改、整合、增加，最终获得体育课堂教学拓展技能评价的维度和指标集合，为研究工作打好基础。

体育课堂教学拓展技能评价包括运动损伤处理和运动疲劳消除两个维度，具体见表6-1。

表6-1　体育课堂教学拓展技能评价的维度

评价对象	维度
体育课堂教学拓展技能评价	运动损伤处理
	运动疲劳消除

"运动损伤处理"维度包括具备处理知识、掌握处理手段、处理反应速度、应急心理素质、人体运动素质、损伤预防意识、伤害行为预判、符合运动规律、遵循锻炼原则等21个评价指标（表6-2）。

表6-2 "运动损伤处理"的评价指标

评价维度	评价指标
运动损伤处理	具备处理知识
	掌握处理手段
	处理反应速度
	应急心理素质
	人体运动素质
	损伤预防意识
	伤害行为预判
	符合运动规律
	遵循锻炼原则
	预损知识讲授
	动作保护帮助
	课中热身活动
	器材符合规定
	场地安全措施
	处置环境安排
	送医抉择方式
	损伤初步处理
	损伤诊断评估
	直接原因判断
	损伤处理过程
	潜在因素分析

"运动疲劳消除"维度包括疲劳程度判断、疲劳原因推测、疲劳判断时间、疲劳消除目的、疲劳消除方法、疲劳消除过程、疲劳消除手段、疲劳消除强度等11个评价指标（表6-3）。

表6-3 "运动疲劳消除"的评价指标

评价维度	评价指标
运动疲劳消除	疲劳程度判断
	疲劳原因推测
	疲劳判断时间
	疲劳消除目的
	疲劳消除方法
	疲劳消除过程
	疲劳消除手段
	疲劳消除强度
	心理疲劳缓解
	身体机能恢复
	疲劳程度下降

第二节　体育课堂教学拓展技能评价指标的测试结果

对调研数据进行项目分析，将项目分析中题总相关低于0.4的指标和未通过独立样本t检验的条目剔除，对剩余的其他评价指标进行统计检验，获得可靠的检验结果，以期为体育课堂教学拓展技能评价指标的确定和接下来的研究提供必要的理论支撑。

一、"运动损伤处理"的测试结果

（一）信度、效度检验

1. 克朗巴哈系数

对克朗巴哈系数的检验结果可见，其整体 α 值为0.841，平均 α 值为0.836，两项 α 值均大于0.800，充分表明数据具有较高的可信度（表6-4）。

表6-4　克朗巴哈系数检验表

克朗巴哈系数	标准的克朗巴哈系数	项目个数
0.841	0.836	18

2. KMO检验及Bartlett's球形检验

KMO检验和Bartlett's球形检验的结果显示，KMO值为0.763，χ^2值为2 828.274（df=153，Sig.=0.000），达到显著性水平，表明该组数据的效度较高（表6-5）。

表6-5　KMO和Bartlett's 球形检验表

KMO抽样适合性检验		0.763
Bartlett's球形检验	卡方值	2 828.274
	自由度（df）	153
	显著性（Sig.）	0.000

（二）公共因子提取

按特征值大于1提取四个公共因子，其特征值最小的为1.860，最大的为5.243，方差贡献率依次为29.128%、17.995%、17.049%、10.334%，四个公共因子的累计方差贡献率达到74.506%，说明公共因子解释和代表"运动损伤处理"的程度较好（表6-6）。

表6-6　总体方差解释表

序号	初始特征值			提取平方和			旋转平方和		
	合计	方差（%）	累积（%）	合计	方差（%）	累积（%）	合计	方差（%）	累积（%）
1	5.392	29.953	29.953	5.392	29.953	29.953	5.243	29.128	29.128
2	3.795	21.084	51.037	3.795	21.084	51.037	3.239	17.995	47.123
3	2.499	13.884	64.920	2.499	13.884	64.920	3.069	17.049	64.172
4	1.725	9.586	74.506	1.725	9.586	74.506	1.860	10.334	74.506
5	0.923	5.129	79.635						
6	0.669	3.719	83.354						
7	0.644	3.580	86.934						
8	0.598	3.324	90.258						
9	0.415	2.305	92.563						
10	0.262	1.454	94.017						

序号	初始特征值			提取平方和			旋转平方和		
	合计	方差（%）	累积（%）	合计	方差（%）	累积（%）	合计	方差（%）	累积（%）
11	0.217	1.204	95.220						
12	0.191	1.059	96.279						
13	0.168	0.935	97.214						
14	0.155	0.864	98.077						
15	0.136	0.756	98.834						
16	0.092	0.512	99.345						
17	0.064	0.354	99.700						
18	0.054	0.300	100.000						

因子分析碎石图可以较为清晰地表明因子解释方差的情况。碎石图显示特征值大于1的因子共有四个，其余因子的特征值均小于1，解释方差的比例也较小，所以应选择提取四个公共因子（图6-1）。

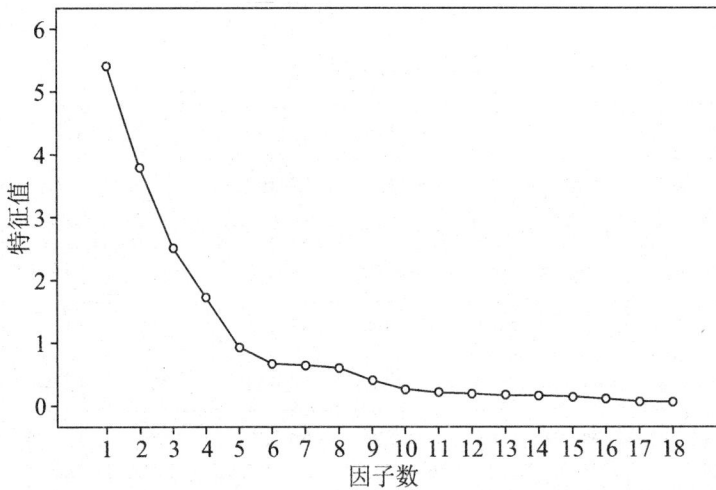

图6-1　因子分析碎石图

（三）因子载荷情况

为能够更加直观地表明指标的因子归属，对"运动损伤处理"的因子载荷矩阵进行旋转，获得旋转后的因子载荷矩阵（表6-7）。

表6-7 旋转后的因子载荷矩阵表

	因子			
	1	2	3	4
损伤预防意识	0.837	0.010	0.111	0.045
伤害行为预判	0.827	−0.060	0.008	0.145
符合运动规律	0.818	0.042	0.110	0.045
遵循锻炼原则	0.813	−0.065	−0.073	0.119
动作保护帮助	0.807	0.003	−0.011	−0.084
课中热身活动	0.794	0.049	0.045	0.066
场地安全措施	0.780	0.050	0.011	−0.079
器材符合规定	0.776	−0.023	0.086	0.045
具备处理知识	−0.002	0.910	0.071	−0.019
掌握处理手段	0.039	0.898	0.138	0.002
应急心理素质	−0.067	0.880	0.036	0.017
处理反应速度	0.040	0.853	0.132	−0.035
处置环境安排	0.028	0.003	0.900	0.096
送医抉择方式	0.090	0.015	0.862	0.121
损伤初步处理	−0.009	0.262	0.843	0.006
损伤诊断评估	0.082	0.134	0.837	−0.049
直接原因判断	0.063	−0.026	0.001	0.952
损伤处理过程	0.099	$2.536E{-}5$	0.151	0.931

（四）公共因子命名

根据上述旋转后的因子载荷情况，整理出公共因子与原始指标之间的对应关系（表6-8）。

表6-8 公共因子和原始指标对应关系表

公共因子	F_1（29.128）	F_2（17.995）	F_3（17.049）	F_4（10.334）
原始指标	损伤预防意识	具备处理知识	处置环境安排	直接原因判断
	伤害行为预判	掌握处理手段	送医抉择方式	损伤处理过程
	符合运动规律	应急心理素质	损伤初步处理	
	遵循锻炼原则	处理反应速度	损伤诊断评估	

续表

公共因子	F$_1$（29.128）	F$_2$（17.995）	F$_3$（17.049）	F$_4$（10.334）
原始指标	动作保护帮助			
	课中热身活动			
	场地安全措施			
	器材符合规定			

按照指标和公共因子的对应关系，在咨询专家意见后对公共因子进行命名，分别命名为运动损伤预防控制、运动损伤处理基础、运动损伤处理过程和运动损伤处理反思（表6-9）。

表6-9　公共因子命名表

公共因子	原始指标	因子载荷
F$_1$ 运动损伤预防控制	损伤预防意识	0.837
	伤害行为预判	0.827
	符合运动规律	0.818
	遵循锻炼原则	0.813
	动作保护帮助	0.807
	课中热身活动	0.794
	场地安全措施	0.780
	器材符合规定	0.776
F$_2$ 运动损伤处理基础	具备处理知识	0.910
	掌握处理手段	0.898
	应急心理素质	0.880
	处理反应速度	0.853
F$_3$ 运动损伤处理过程	处置环境安排	0.900
	送医抉择方式	0.862
	损伤初步处理	0.843
	损伤诊断评估	0.837
F$_4$ 运动损伤处理反思	直接原因判断	0.952
	损伤处理过程	0.931

二、"运动疲劳消除"的测试结果

（一）信度、效度检验

1.克朗巴哈系数

克朗巴哈系数的检验结果显示，其整体 α 值和平均 α 值均为0.745，两项 α 值均在0.700以上，表明该组调查数据的信度可以接受（表6-10）。

表6-10 克朗巴哈系数检验表

克朗巴哈系数	标准的克朗巴哈系数	项目个数
0.745	0.745	9

2.KMO检验及Bartlett's球形检验

根据KMO检验和Bartlett's球形检验的结果，KMO值为0.732，χ^2值为1287.993（df=36，Sig.=0.000），达到显著性水平，说明该组数据的效度较好（表6-11）。

表6-11 KMO和Bartlett's 球形检验表

KMO抽样适合性检验		0.732
Bartlett's球形检验	卡方值	1 287.993
	自由度（df）	36
	显著性（Sig.）	0.000

（二）公共因子提取

对特征值大于1的因子进行提取，共提取三个公共因子，方差贡献率分别为32.045%、31.058%和21.204%，特征值分别为2.884、2.795和1.908。三个公共因子的累计方差贡献率为84.308%，说明提取的公共因子代表性较好（表6-12）。

表6-12 总体方差解释表

序号	初始特征值			提取平方和			旋转平方和		
	合计	方差（%）	累积（%）	合计	方差（%）	累积（%）	合计	方差（%）	累积（%）
1	3.132	34.805	34.805	3.132	34.805	34.805	2.884	32.045	32.045
2	2.609	28.992	63.796	2.609	28.992	63.796	2.795	31.058	63.103
3	1.846	20.511	84.308	1.846	20.511	84.308	1.908	21.204	84.308
4	0.457	5.081	89.389						
5	0.349	3.877	93.266						
6	0.300	3.336	96.603						

续表

序号	初始特征值			提取平方和			旋转平方和		
	合计	方差（%）	累积（%）	合计	方差（%）	累积（%）	合计	方差（%）	累积（%）
7	0.113	1.254	97.856						
8	0.104	1.151	99.007						
9	0.089	0.993	100.000						

由因子分析碎石图可以看出，特征值从第四个因子开始平缓，因此对特征值大于1的因子进行抽取，最终获得"运动疲劳消除"的三个公共因子（图6-2）。

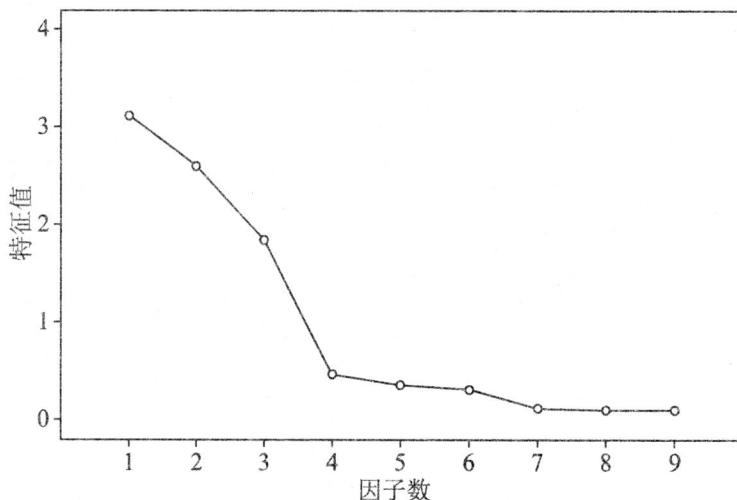

图6-2　因子分析碎石图

（三）因子载荷情况

"运动疲劳消除"因子分析旋转后的因子载荷情况如下（表6-13），通过此表能够较为清晰地了解各个公共因子的载荷情况。

表6-13　旋转后的因子载荷矩阵表

	因子		
	1	2	3
疲劳消除目的	0.860	−0.020	0.036
疲劳消除过程	0.859	0.050	0.016
疲劳消除方法	0.843	0.090	0.136

续表

	因子		
	1	2	3
疲劳消除手段	0.827	0.040	−0.032
心理疲劳缓解	0.023	0.969	0.005
身体机能恢复	0.051	0.962	−0.003
疲劳程度下降	0.067	0.958	−0.026
疲劳原因推测	0.050	−0.009	0.972
疲劳程度判断	0.054	−0.013	0.971

（四）公共因子命名

按统计数据的归属，整理出"运动疲劳消除"公共因子与原始指标间的对应关系（表6–14）。

表6-14　公共因子和原始指标对应关系表

公共因子	F₁（32.045）	F₂（31.058）	F₃（21.204）
原始指标	疲劳消除目的	心理疲劳缓解	疲劳原因推测
	疲劳消除过程	身体机能恢复	疲劳程度判断
	疲劳消除方法	疲劳程度下降	
	疲劳消除手段		

通过分析、总结和咨询，最终将公共因子分别命名为疲劳消除过程、疲劳消除效果和运动疲劳判断（表6–15）。

表6-15　公共因子命名表

公共因子	原始指标	因子载荷
F₁ 疲劳消除过程	疲劳消除目的	0.860
	疲劳消除程序	0.859
	疲劳消除方法	0.843
	疲劳消除手段	0.827
F₂ 疲劳消除效果	心理疲劳缓解	0.969
	身体机能恢复	0.962
	疲劳程度下降	0.958

续表

公共因子	原始指标	因子载荷
F₃ 运动疲劳判断	疲劳原因推测	0.972
	疲劳程度判断	0.971

第三节　体育课堂教学拓展技能评价指标体系的构建

根据对调查问卷数据的统计计算和因子分析的结果，在获得评价指标和确定指标权重后，最终构建出体育课堂教学拓展技能的评价指标体系。

一、体育课堂教学拓展技能评价指标的获得

体育课堂教学拓展技能评价包括"运动损伤处理"和"运动疲劳消除"2个一级指标和7个二级指标及27个三级指标（表6–16、表6–17）。

表6–16　"运动损伤处理"指标统计表

一级指标	二级指标	三级指标
运动损伤处理	运动损伤预防控制	损伤预防意识
		伤害行为预判
		符合运动规律
		遵循锻炼原则
		动作保护帮助
		课中热身活动
		场地安全措施
		器材符合规定
	运动损伤处理基础	具备处理知识
		掌握处理手段
		应急心理素质

一级指标	二级指标	三级指标
运动损伤处理	运动损伤处理基础	处理反应速度
	运动损伤处理过程	处置环境安排
		送医抉择方式
		损伤初步处理
		损伤诊断评估
	运动损伤处理反思	直接原因判断
		处理过程思考

表6-17　"运动疲劳消除"指标统计表

一级指标	二级指标	三级指标
运动疲劳消除	疲劳消除过程	疲劳消除目的
		疲劳消除程序
		疲劳消除方法
		疲劳消除手段
	疲劳消除效果	心理疲劳缓解
		身体机能恢复
		疲劳程度下降
	运动疲劳判断	疲劳原因推测
		疲劳程度判断

二、体育课堂教学拓展技能评价权重的确定

体育课堂教学拓展技能评价指标权重的确定，主要包括对其一级指标、二级指标和三级指标权重的计算。

（一）一级指标权重的计算

根据相关专家对"体育课堂教学拓展技能"评价的两个一级指标的权重判断，将所得数据进行归一化处理后取平均值，获得以下"体育课堂教学拓展技能"一级指标的权重系数（表6-18）。

表6-18 "体育课堂教学拓展技能"一级指标权重统计表

评价对象	一级指标	权重
体育课堂教学拓展技能	运动损伤处理	0.534
	运动疲劳消除	0.466

(二)二级指标权重的计算

1. "运动损伤处理"二级指标权重的计算

将因子分析中提取的公共因子作为二级指标,将解释方差比例进行归一化处理,获得"运动损伤处理"二级指标权重(表6-19)。

表6-19 "运动损伤处理"二级指标权重统计表

一级指标	二级指标	解释方差比例(%)	权重
运动损伤处理	运动损伤预防控制	29.128	0.391
	运动损伤处理基础	17.995	0.242
	运动损伤处理过程	17.049	0.229
	运动损伤处理反思	10.334	0.139

2. "运动疲劳消除"二级指标权重的计算

将因子分析中提取的公共因子作为二级指标,将解释方差比例进行归一化处理,获得"运动疲劳消除"二级指标权重(表6-20)。

表6-20 "运动疲劳消除"二级指标权重统计表

一级指标	二级指标	解释方差比例(%)	权重
运动疲劳消除	疲劳消除过程	32.045	0.380
	疲劳消除效果	31.058	0.368
	运动疲劳判断	21.204	0.252

(三)三级指标权重的计算

1. "运动损伤处理"三级指标权重的计算

根据表6-7中各因子载荷情况,将因子的载荷进行归一化处理,获得各公共因子的载荷归一化值,再将公共因子的权重和对应的载荷归一化值的乘积相加,即确定三级指标的权重(表6-21)。

表6-21　"运动损伤处理"三级指标权重统计表

三级指标	F₁	F₂	F₃	F₄	权重
损伤预防意识	0.120	0.002	0.025	0.016	0.055
伤害行为预判	0.119	0.014	0.002	0.051	0.057
符合运动规律	0.117	0.010	0.025	0.016	0.056
遵循锻炼原则	0.117	0.015	0.016	0.042	0.059
动作保护帮助	0.116	0.001	0.002	0.029	0.050
课中热身活动	0.114	0.011	0.010	0.023	0.053
场地安全措施	0.112	0.012	0.002	0.028	0.051
器材符合规定	0.111	0.005	0.019	0.016	0.051
具备处理知识	0.000	0.212	0.016	0.007	0.056
掌握处理手段	0.006	0.210	0.031	0.001	0.060
应急心理素质	0.010	0.205	0.008	0.006	0.056
处理反应速度	0.006	0.199	0.030	0.012	0.059
处置环境安排	0.004	0.001	0.203	0.034	0.053
送医抉择方式	0.013	0.004	0.195	0.042	0.056
损伤初步处理	0.001	0.061	0.190	0.002	0.059
损伤诊断评估	0.012	0.031	0.189	0.017	0.058
直接原因判断	0.009	0.006	0.000	0.333	0.051
处理过程思考	0.014	0.000	0.034	0.326	0.059

2. "运动疲劳消除"三级指标权重的计算

根据表6-13中数据，把每个因子的载荷进行归一化处理，将公共因子的权重和对应的载荷归一化值的乘积相加，就会得到三级指标的权重（表6-22）。

表6-22　"运动疲劳消除"三级指标权重统计表

三级指标	F₁	F₂	F₃	权重
疲劳消除目的	0.237	0.006	0.016	0.096
疲劳消除程序	0.236	0.016	0.007	0.098
疲劳消除方法	0.232	0.029	0.062	0.114
疲劳消除手段	0.228	0.013	0.015	0.095
心理疲劳缓解	0.006	0.311	0.002	0.118

三级指标	F_1	F_2	F_3	权重
身体机能恢复	0.014	0.309	0.001	0.119
疲劳程度下降	0.018	0.308	0.012	0.123
疲劳原因推测	0.014	0.003	0.442	0.118
疲劳程度判断	0.015	0.004	0.442	0.119

三、体育课堂教学拓展技能评价指标体系的构建

基于一级指标、二级指标和三级指标权重的计算结果,将权重合并分配,最终构建出体育课堂教学拓展技能的评价指标体系(表6-23)。

表6-23　体育课堂教学拓展技能评价指标体系

一级指标	权重	二级指标	权重	三级指标	权重
运动损伤处理	0.534	运动损伤预防控制	0.195	损伤预防意识	0.034
				伤害行为预判	0.035
				符合运动规律	0.034
				遵循锻炼原则	0.036
				动作保护帮助	0.031
				课中热身活动	0.032
				场地安全措施	0.031
				器材符合规定	0.031
		运动损伤处理基础	0.121	具备处理知识	0.021
				掌握处理手段	0.023
				应急心理素质	0.021
				处理反应速度	0.022
		运动损伤处理过程	0.114	处置环境安排	0.019
				送医抉择方式	0.020
				损伤初步处理	0.021
				损伤诊断评估	0.021
		运动损伤处理反思	0.069	直接原因判断	0.011
				处理过程思考	0.013

续表

一级指标	权重	二级指标	权重	三级指标	权重
运动疲劳消除	0.466	疲劳消除过程	0.190	疲劳消除目的	0.057
				疲劳消除程序	0.059
				疲劳消除方法	0.068
				疲劳消除手段	0.057
		疲劳消除效果	0.184	心理疲劳缓解	0.068
				身体机能恢复	0.069
				疲劳程度下降	0.071
		运动疲劳判断	0.126	疲劳原因推测	0.047
				疲劳程度判断	0.047

第七章
体育课后总结技能评价

第一节　体育课后总结技能评价指标的获得

　　体育课后总结技能是体育教师在课堂教学后对教学目标的达成情况、教学任务的完成情况和教学全过程进行的深入思考和价值评判。

　　通过查询体育教学评价、技能评价等文献资料，结合对中学体育教师、教学管理人员的问卷调查，对相关语词进行排序、合并后获得体育课后总结技能评价的初步指标。并综合相关研究成果和国内外有关专家、学者观点，在全面分析和总结的基础上，提出体育课后总结技能评价的维度和指标。

　　体育课后总结技能评价的两个维度包括课后教学反思和课后教学评价，具体见表7-1。

表7-1　体育课后总结技能评价的维度

评价对象	维度
体育课后总结技能评价	课后教学反思
	课后教学评价

　　"课后教学反思"维度包括知识技能学习、情感与价值观、运动参与态度、身心健康水平、合作意识精神、教学方法选择、教学环节衔接、教学组织形式、教学内容讲授、教学语言表达等24个评价指标（表7-2）。

表7-2 "课后教学反思"的评价指标

评价维度	评价指标
课后教学反思	知识技能学习
	情感与价值观
	运动参与态度
	身心健康水平
	合作意识精神
	教学方法选择
	教学环节衔接
	教学组织形式
	教学内容讲授
	教学语言表达
	运动损伤处理
	动作指导纠错
	运动负荷控制
	教学书写绘画
	动作保护帮助
	技术动作示范
	教学媒体运用
	辅助器材使用
	小组练习协作
	学生学习兴趣
	学生差异教学
	教学任务要求
	教学预定目标
	教学满意程度

"课后教学评价"维度包括掌握评价知识、明确评价过程、应用评价方法、研制评价量表、课堂观察方式、课堂观察框架、课堂观察视点、课堂观察态度、课堂观察记录等15个评价指标（表7-3）。

表7-3 "课后教学评价"的评价指标

评价维度	评价指标
课后教学评价	掌握评价知识
	明确评价过程
	应用评价方法
	研制评价量表
	课堂观察方式
	课堂观察框架
	课堂观察视点
	课堂观察态度
	课堂观察记录
	课堂观察程序
	评价实施过程
	评价目的提出
	评价手段运用
	评价标准选择
	评价结果表达

第二节　体育课后总结技能评价指标的测试结果

　　将指标中题总相关系数小于0.4的条目和未通过高低分组独立样本t检验的剔除后，对余下的指标进行信、效度检验和建模，通过各指标之间的内在联系，确定体育课后总结技能评价指标权重和指标体系。

一、"课后教学反思"的测试结果

（一）信度、效度检验

1. 克朗巴哈系数

对数据的克朗巴哈系数检验结果显示，其整体 α 值为0.897，平均 α 值为0.888，两项 α 值均高于0.800，表明数据的信度通过检测（表7–4）。

表7–4　克朗巴哈系数检验表

克朗巴哈系数	标准的克朗巴哈系数	项目个数
0.897	0.888	23

2. KMO检验及Bartlett's球形检验

KMO检验及Bartlett's球形检验的结果显示，KMO值为0.869，χ^2值为3 919.985（df=253，Sig.=0.000），达到显著性水平，说明该组数据的效度较好（表7–5）。

表7–5　KMO和Bartlett's 球形检验表

KMO抽样适合性检验		0.869
Bartlett's球形检验	卡方值	3 919.985
	自由度（df）	253
	显著性（Sig.）	0.000

（二）公共因子提取

按特征值大于1，共提取五个公共因子，其累计方差贡献率达到78.319%，公共因子中特征值最小的为1.740，最大的为7.017，方差贡献率依次为30.509%、16.248%、12.198%、11.798%、7.565%。五个公共因子的累计方差贡献率近80%，表明公共因子能较好地解释和代表"课后教学反思"（表7–6）。

表7–6　总体方差解释表

序号	初始特征值			提取平方和			旋转平方和		
	合计	方差（%）	累积（%）	合计	方差（%）	累积（%）	合计	方差（%）	累积（%）
1	8.253	35.882	35.882	8.253	35.882	35.882	7.017	30.509	30.509
2	3.981	17.308	53.191	3.981	17.308	53.191	3.737	16.248	46.757
3	2.544	11.061	64.252	2.544	11.061	64.252	2.806	12.198	58.955
4	1.711	7.438	71.690	1.711	7.438	71.690	2.714	11.798	70.754
5	1.525	6.629	78.319	1.525	6.629	78.319	1.740	7.565	78.319

序号	初始特征值			提取平方和			旋转平方和		
	合计	方差（%）	累积（%）	合计	方差（%）	累积（%）	合计	方差（%）	累积（%）
6	0.710	3.088	81.407						
7	0.556	2.416	83.823						
8	0.419	1.820	85.643						
9	0.407	1.769	87.413						
10	0.361	1.571	88.984						
11	0.331	1.438	90.422						
12	0.304	1.322	91.743						
13	0.290	1.260	93.003						
14	0.280	1.217	94.220						
15	0.249	1.085	95.305						
16	0.223	0.969	96.274						
17	0.203	0.881	97.154						
18	0.170	0.738	97.892						
19	0.145	0.630	98.523						
20	0.139	0.602	99.125						
21	0.116	0.504	99.629						
22	0.073	0.316	99.945						
23	0.013	0.055	100.000						

从碎石图可以看到，特征值从因子5开始呈平坦向下趋势，把方差贡献率低的因子舍去，最终提取五个因子较为合理（图7-1）。

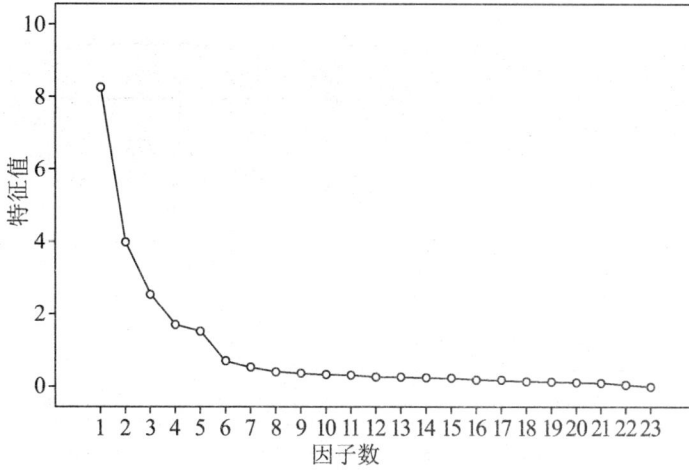

图7-1　因子分析碎石图

（三）因子载荷情况

为科学地根据因子载荷情况来判断指标的因子归属，使用方差最大化正交旋转法对载荷矩阵进行旋转，得到因子载荷结果（表7-7）。

表7-7　旋转后的因子载荷矩阵表

	因子				
	1	2	3	4	5
教学内容讲授	0.848	0.038	0.140	−0.113	0.026
运动损伤处理	0.841	0.021	0.057	−0.015	0.072
教学媒体运用	0.834	0.054	0.059	−0.037	−0.005
动作指导纠错	0.828	0.117	0.186	−0.053	0.090
教学语言表达	0.827	−0.033	0.198	0.041	−0.006
动作保护帮助	0.816	0.089	0.202	−0.055	0.012
辅助器材使用	0.790	−0.040	0.210	−0.048	0.073
教学书写绘画	0.786	−0.010	0.029	−0.020	0.150
运动负荷控制	0.770	0.041	0.259	−0.014	0.034
技术动作示范	0.768	−0.026	0.372	−0.036	0.024
情感与价值观	0.025	0.924	−0.003	−0.037	0.096
合作意识精神	0.032	0.887	−0.012	−0.005	0.046
知识技能学习	0.113	0.819	0.059	−0.005	0.159
运动参与态度	0.021	0.816	0.116	0.093	−0.012

	因子				
	1	2	3	4	5
身心健康水平	−0.044	0.809	0.041	0.251	0.038
教学任务要求	0.364	0.092	0.901	0.025	0.064
教学预定目标	0.368	0.095	0.895	0.032	0.051
教学满意程度	0.325	0.037	0.875	0.017	0.081
教学组织形式	−0.080	0.063	0.001	0.944	0.006
教学环节衔接	0.007	0.058	0.034	0.929	−0.006
教学方法选择	−0.118	0.114	0.015	0.927	−0.017
小组练习协作	0.091	0.120	0.020	0.002	0.916
学生学习兴趣	0.130	0.143	0.129	−0.017	0.897

（四）公共因子命名

根据旋转后的因子载荷矩阵的实际情况，整理出公共因子与原始指标间的对应关系（表7-8）。

表7-8　公共因子和原始指标对应关系表

公共因子	F_1（30.509）	F_2（16.248）	F_3（12.198）	F_4（11.798）	F_5（7.565）
原始指标	教学内容讲授	情感与价值观	教学任务要求	教学组织形式	小组练习协作
	运动损伤处理	合作意识精神	教学预定目标	教学环节衔接	学生学习兴趣
	教学媒体运用	知识技能学习	教学满意程度	教学方法选择	
	动作指导纠错	运动参与态度			
	教学语言表达	身心健康水平			
	动作保护帮助				
	辅助器材使用				
	教学书写绘画				
	运动负荷控制				
	技术动作示范				

由指标和公共因子的对应关系对公共因子进行命名，分别将公共因子命名为教学过程环节、课标落实程度、课堂教学结果、教学策略方法和学生适应水平（表7-9）。提取和命名的这些公共因子可作为对课后教学总结技能评价的二级指标使用。

表7-9 公共因子命名表

公共因子	原始指标	因子载荷
F_1 教学过程环节	教学内容讲授	0.848
	运动损伤处理	0.841
	教学媒体运用	0.834
	动作指导纠错	0.828
	教学语言表达	0.827
	动作保护帮助	0.816
	辅助器材使用	0.790
	教学书写绘画	0.786
	运动负荷控制	0.770
	技术动作示范	0.768
F_2 课标落实程度	情感与价值观	0.924
	合作意识精神	0.887
	知识技能学习	0.819
	运动参与态度	0.816
	身心健康水平	0.809
F_3 课堂教学结果	教学任务要求	0.901
	教学预定目标	0.895
	教学满意程度	0.875
F_4 教学策略方法	教学组织形式	0.944
	教学环节衔接	0.929
	教学方法选择	0.927
F_5 学生适应水平	小组练习协作	0.916
	学生学习兴趣	0.897

二、"课后教学评价"的测试结果

（一）信度、效度检验

1. 克朗巴哈系数

克朗巴哈系数检验结果表明，其整体 α 值为0.811，平均 α 值为0.815，两项 α 值均在0.800以上，说明该调查问卷的信度较高（表7-10）。

表7-10　克朗巴哈系数检验表

克朗巴哈系数	标准的克朗巴哈系数	项目个数
0.811	0.815	14

2. KMO检验及Bartlett's球形检验

KMO检验和Bartlett's球形检验的结果显示，KMO值为0.776，χ^2值为2 325.114（df=91，Sig.=0.000），达到了显著性水平，说明该组数据的效度较好（表7-11）。

表7-11　KMO和Bartlett's 球形检验表

KMO抽样适合性检验		0.776
Bartlett's球形检验	卡方值	2 325.114
	自由度（df）	91
	显著性（Sig.）	0.000

（二）公共因子提取

按特征值大于1提取公共因子，三个公共因子的方差贡献率分别为27.583%、23.927%和23.032%，特征值分别为3.862、3.350和3.225，三个公共因子的累计方差贡献率已经达到74.542%，说明提取的公共因子对"课后教学评价"有较好的代表性（表7-12）。

表7-12　总体方差解释表

序号	初始特征值			提取平方和			旋转平方和		
	合计	方差（%）	累积（%）	合计	方差（%）	累积（%）	合计	方差（%）	累积（%）
1	4.271	30.508	30.508	4.271	30.508	30.508	3.862	27.583	27.583
2	3.236	23.117	53.625	3.236	23.117	53.625	3.350	23.927	51.510
3	2.928	20.917	74.542	2.928	20.917	74.542	3.225	23.032	74.542
4	0.828	5.916	80.458						
5	0.614	4.383	84.841						
6	0.479	3.423	88.264						
7	0.424	3.030	91.295						
8	0.371	2.646	93.941						
9	0.349	2.493	96.434						

序号	初始特征值			提取平方和			旋转平方和		
	合计	方差（%）	累积（%）	合计	方差（%）	累积（%）	合计	方差（%）	累积（%）
10	0.220	1.569	98.004						
11	0.117	0.839	98.842						
12	0.071	0.507	99.349						
13	0.049	0.347	99.696						
14	0.043	0.304	100.000						

从碎石图能够看出，特征值从因子4逐渐平缓，而第四个因子特征值小于1且方差贡献率较低，可以不予抽取，最终应提取"课后教学评价"的三个公共因子（图7-2）。

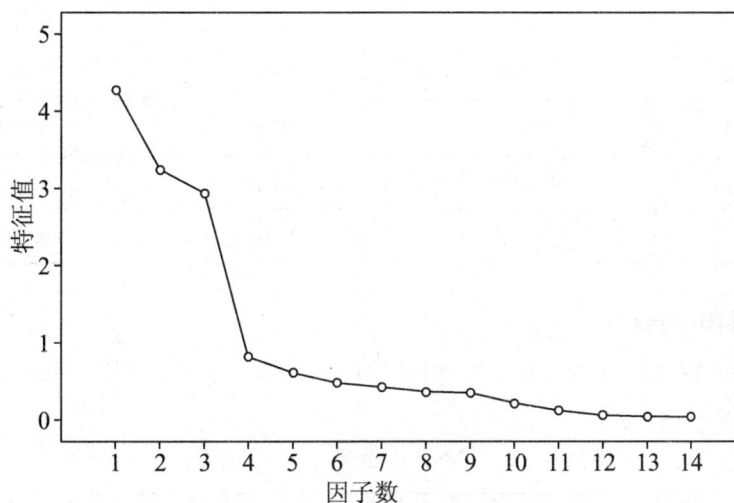

图7-2 因子分析碎石图

（三）因子载荷情况

因子载荷能够说明指标与因子的内在关系，"课后教学评价"旋转后的因子载荷情况见表7-13。

表7-13　旋转后的因子载荷矩阵表

	因子		
	1	2	3
评价目的提出	0.959	0.043	0.025
评价实施过程	0.929	0.065	0.016
评价标准选择	0.919	0.039	0.071
评价手段运用	0.796	−0.076	0.028
评价结果表达	0.728	0.113	0.161
课堂观察方式	−0.043	0.878	−0.016
课堂观察视点	−0.064	0.857	−0.046
课堂观察框架	−0.002	0.802	0.039
课堂观察态度	0.118	0.785	0.096
课堂观察记录	0.152	0.737	0.052
掌握评价知识	0.090	0.000	0.960
明确评价过程	0.080	0.038	0.919
应用评价方法	0.107	−0.040	0.897
研制评价量表	−0.002	0.110	0.778

（四）公共因子命名

根据统计数据间的相互联系，整理出"课后教学评价"公共因子与原始指标间的对应关系（表7-14）。

表7-14　公共因子和原始指标对应关系表

公共因子	F_1（27.583）	F_2（23.927）	F_3（23.032）
原始指标	评价目的提出	课堂观察方式	掌握评价知识
	评价实施过程	课堂观察视点	明确评价过程
	评价标准选择	课堂观察框架	应用评价方法
	评价手段运用	课堂观察态度	研制评价量表
	评价结果表达	课堂观察记录	

根据对相关研究结果的分析和总结，将公共因子分别命名为课后价值评定、课堂观察记录和教学评价基础（表7-15）。这些公共因子可作为二级指标来评价课后教学总结技能。

表7-15　公共因子命名表

公共因子	原始指标	因子载荷
F_1 课后价值评定	评价目的提出	0.959
	评价实施过程	0.929
	评价标准选择	0.919
	评价手段运用	0.796
	评价结果表达	0.728
F_2 课堂观察记录	课堂观察方式	0.878
	课堂观察视点	0.857
	课堂观察框架	0.802
	课堂观察态度	0.785
	课堂观察记录	0.737
F_3 教学评价基础	掌握评价知识	0.960
	明确评价过程	0.919
	应用评价方法	0.897
	研制评价量表	0.778

第三节　体育课后总结技能评价指标体系的构建

体育课后总结技能评价应包含评价指标获得、指标权重确定和指标体系构建三个环节，评价指标的获得主要依据上节因子分析的结果，指标权重的确定是指对评价的一级指标、二级指标和三级指标的计算，指标体系的构建则是对前面两个环节结果的综合运用。

一、体育课后总结技能评价指标的获得

对调查数据进行统计分析处理后，最终获得体育课后总结技能评价的"课后教学反思"和"课后教学评价"两个维度的相关指标（表7-16、表7-17）。

表7-16　"课后教学反思"指标统计表

一级指标	二级指标	三级指标
课后教学反思	教学过程环节	教学内容讲授
		运动损伤处理
		教学媒体运用
		动作指导纠错
		教学语言表达
		动作保护帮助
		辅助器材使用
		教学书写绘画
		运动负荷控制
		技术动作示范
	课标落实程度	情感与价值观
		合作意识精神
		知识技能学习
		运动参与态度
		身心健康水平
	课堂教学结果	教学任务要求
		教学预定目标
		教学满意程度
	教学策略方法	教学组织形式
		教学环节衔接
		教学方法选择
	学生适应水平	小组练习协作
		学生学习兴趣

表7-17　"课后教学评价"指标统计表

一级指标	二级指标	三级指标
课后教学评价	课后价值评定	评价目的提出
		评价实施过程
		评价标准选择
		评价手段运用
		评价结果表达
	课堂观察记录	课堂观察方式
		课堂观察视点
		课堂观察框架
		课堂观察态度
		课堂观察记录
	教学评价基础	掌握评价知识
		明确评价过程
		应用评价方法
		研制评价量表

二、体育课后总结技能评价权重的确定

权重的确定是体育课后总结技能评价指标体系构建的基础环节之一。体育课后总结技能评价权重的确定是对各级指标权重计算的过程。

（一）一级指标权重的计算

通过专家问卷了解和记录专家对"体育课后总结技能"评价两个一级指标的权重判断，然后将其进行归一化处理后取平均值，即得到以下"体育课后总结技能"一级指标的权重数值（表7-18）。

表7-18　"体育课后总结技能"一级指标权重统计表

评价对象	一级指标	权重
体育课后总结技能	课后教学反思	0.508
	课后教学评价	0.492

（二）二级指标权重的计算

1. "课后教学反思" 二级指标权重的计算

将"课后教学反思"因子分析提取的公共因子作为二级指标，对其解释方差比例进行归一化处理后，就会获得"课后教学反思"二级指标权重（表7-19）。

表7-19 "课后教学反思"二级指标权重统计表

一级指标	二级指标	解释方差比例（%）	权重
课后教学反思	教学过程环节	30.509	0.390
	课标落实程度	16.248	0.207
	课堂教学结果	12.198	0.156
	教学策略方法	11.798	0.151
	学生适应水平	7.565	0.097

2. "课后教学评价" 二级指标权重的计算

将"课后教学评价"因子分析获得的三个公共因子作为评价的二级指标，对其解释方差比例进行归一化处理后，最终得到二级指标的权重（表7-20）。

表7-20 "课后教学评价"二级指标权重统计表

一级指标	二级指标	解释方差比例（%）	权重
课后教学评价	课后价值评定	27.583	0.370
	课堂观察记录	23.927	0.321
	教学评价基础	23.032	0.309

（三）三级指标权重的计算

1. "课后教学反思" 三级指标权重的计算

根据表7-7中各因子载荷的数据，把因子的载荷进行归一化处理后，获得公共因子的载荷归一化值，再将每个公共因子的权重和对应的载荷归一化值的乘积相加，即会得到三级指标的权重（表7-21）。

表7-21 "课后教学反思"三级指标权重统计表

三级指标	F_1	F_2	F_3	F_4	F_5	权重
教学内容讲授	0.086	0.007	0.029	0.030	0.009	0.045
运动损伤处理	0.086	0.004	0.012	0.004	0.025	0.039
教学媒体运用	0.085	0.010	0.012	0.010	0.002	0.039
动作指导纠错	0.084	0.021	0.039	0.014	0.031	0.049

三级指标	F_1	F_2	F_3	F_4	F_5	权重
教学语言表达	0.084	0.006	0.041	0.011	0.002	0.042
动作保护帮助	0.083	0.016	0.042	0.015	0.004	0.045
辅助器材使用	0.080	0.007	0.044	0.013	0.025	0.044
教学书写绘画	0.080	0.002	0.006	0.005	0.052	0.038
运动负荷控制	0.078	0.008	0.054	0.004	0.012	0.042
技术动作示范	0.078	0.005	0.077	0.010	0.008	0.046
情感与价值观	0.003	0.170	0.001	0.010	0.033	0.041
合作意识精神	0.003	0.163	0.002	0.001	0.016	0.037
知识技能学习	0.012	0.150	0.012	0.001	0.055	0.043
运动参与态度	0.002	0.150	0.024	0.025	0.004	0.040
身心健康水平	0.004	0.149	0.009	0.068	0.013	0.045
教学任务要求	0.037	0.017	0.187	0.007	0.022	0.050
教学预定目标	0.037	0.017	0.186	0.009	0.018	0.050
教学满意程度	0.033	0.007	0.182	0.005	0.028	0.046
教学组织形式	0.008	0.012	0.000	0.254	0.002	0.044
教学环节衔接	0.001	0.011	0.007	0.250	0.002	0.042
教学方法选择	0.012	0.021	0.003	0.249	0.006	0.048
小组练习协作	0.009	0.022	0.004	0.001	0.318	0.040
学生学习兴趣	0.013	0.026	0.027	0.005	0.311	0.046

2. "课后教学评价"三级指标权重的计算

按照表7-13中各因子载荷情况，先将每个因子的载荷进行归一化处理后，获得公共因子的载荷归一化值，再将公共因子的权重和载荷归一化值的乘积相加，得到三级指标的权重（表7-22）。

表7-22 "课后教学评价"三级指标权重统计表

三级指标	F_1	F_2	F_3	权重
评价目的提出	0.192	0.009	0.006	0.076
评价实施过程	0.186	0.014	0.004	0.075
评价标准选择	0.184	0.009	0.017	0.076

三级指标	F_1	F_2	F_3	权重
评价手段运用	0.160	0.017	0.007	0.066
评价结果表达	0.146	0.025	0.039	0.074
课堂观察方式	0.009	0.192	0.004	0.066
课堂观察视点	0.013	0.187	0.011	0.068
课堂观察框架	0.000	0.175	0.010	0.059
课堂观察态度	0.024	0.171	0.023	0.071
课堂观察记录	0.030	0.161	0.013	0.067
掌握评价知识	0.018	0.000	0.234	0.079
明确评价过程	0.016	0.008	0.224	0.078
应用评价方法	0.021	0.009	0.219	0.078
研制评价量表	0.000	0.024	0.190	0.066

三、体育课后总结技能评价指标体系的构建

根据一级指标、二级指标和三级指标权重的计算结果，将权重合并分配，最终构建出体育课后总结技能评价指标体系（表7-23）。

表7-23　体育课后总结技能评价指标体系

一级指标	权重	二级指标	权重	三级指标	权重
课后教学反思	0.508	教学过程环节	0.195	教学内容讲授	0.029
				运动损伤处理	0.026
				教学媒体运用	0.026
				动作指导纠错	0.032
				教学语言表达	0.028
				动作保护帮助	0.029
				辅助器材使用	0.029
				教学书写绘画	0.025
				运动负荷控制	0.028
				技术动作示范	0.030

续表

一级指标	权重	二级指标	权重	三级指标	权重
课后教学反思	0.508	课标落实程度	0.103	情感与价值观	0.014
				合作意识精神	0.013
				知识技能学习	0.015
				运动参与态度	0.014
				身心健康水平	0.016
		课堂教学结果	0.078	教学任务要求	0.013
				教学预定目标	0.013
				教学满意程度	0.012
		教学策略方法	0.075	教学组织形式	0.011
				教学环节衔接	0.011
				教学方法选择	0.012
		学生适应水平	0.048	小组练习协作	0.006
				学生学习兴趣	0.007
课后教学评价	0.492	课后价值评定	0.185	评价目的提出	0.047
				评价实施过程	0.047
				评价标准选择	0.047
				评价手段运用	0.041
				评价结果表达	0.046
		课堂观察记录	0.160	课堂观察方式	0.035
				课堂观察视点	0.037
				课堂观察框架	0.032
				课堂观察态度	0.038
				课堂观察记录	0.036
		教学评价基础	0.154	掌握评价知识	0.041
				明确评价过程	0.040
				应用评价方法	0.040
				研制评价量表	0.034

参考文献

［1］毛振明.体育教学论［M］.北京：高等教育出版社，2005.

［2］陆作生.体育教学技能训练［M］.北京：高等教育出版社，2016.

［3］王斌华.教师评价：绩效管理与专业发展［M］.上海：上海教育出版社，2005.

［4］董建玲，郭士安，刘满娥.新课程标准下的体育教师评价体系研究［M］.沈阳：辽海出版社，2017.

［5］赵超君.体育教学技能实训教程［M］.北京：高等教育出版社，2016.

［6］史晓燕.教师教学评价：主体·标准·模式·方法［M］.北京：北京师范大学出版社，2018.

［7］芦咏莉，申继亮.教师评价［M］.北京：北京师范大学出版社，2012.

［8］史兵，杨小帆.中学体育教师教学技能［M］.西安：陕西大学出版社，2012.

［9］卫建国，张海珠.教学技能导论［M］.北京：北京师范大学出版社，2012.